Ulrich Seeger

Lehrbuch des palästinensischen Arabisch

Semitica Viva · Series Didactica

Herausgegeben von Otto Jastrow

Band 4

2013
Harrassowitz Verlag · Wiesbaden

Ulrich Seeger

Lehrbuch des palästinensischen Arabisch

Der Dialekt der Städter

2013
Harrassowitz Verlag · Wiesbaden

Bibliografische Information der Deutschen Nationalbibliothek
Die Deutsche Nationalbibliothek verzeichnet diese Publikation in der Deutschen Nationalbibliografie; detaillierte bibliografische Daten sind im Internet über http://dnb.dnb.de abrufbar.

Bibliographic information published by the Deutsche Nationalbibliothek
The Deutsche Nationalbibliothek lists this publication in the Deutsche Nationalbibliografie; detailed bibliographic data are available in the internet at http://dnb.dnb.de.

Informationen zum Verlagsprogramm finden Sie unter
http://www.harrassowitz-verlag.de

Druck und Verarbeitung: KN Digital Printforce GmbH, Stuttgart
Printed in Germany

ISSN 0935-7556
ISBN 978-3-447-06966-3

Inhaltsverzeichnis

Vorwort IX
Literatur X

LEKTION 1

Einleitung

§ 1 Das Arabische und seine Dialekte 1
§ 2 Die soziologische Aufspaltung des Palästinensisch-Arabischen 2

LEKTION 2

Phonetik und Phonologie

§ 3 Linguistische Grundlagen 5
§ 4 Beschreibung der Konsonanten 7

LEKTION 3

§ 5 Das palästinensische Konsonantensystem 11

LEKTION 4

§ 6 Das arabische Alphabet 16
§ 7 Verdoppelte Konsonanten 17
§ 8 Beschreibung der Vokale 17
§ 9 Diphthonge 19
§ 10 Hilfsvokale 19

LEKTION 5

Morphologie und Syntax

§ 11 Der Artikel 21
§ 12 Die Genera 23
§ 13 Kongruenz des Adjektivs 24
§ 14 Nominalsätze 25

LEKTION 6

§ 15 Personalpronomen 26
§ 16 Demonstrativpronomen 27
§ 17 Interrogativpronomen 28
§ 18 Demonstrativadverbien 28
§ 19 Interrogativadverbien 29

LEKTION 7

§ 20 Präpositionen 30
§ 21 Der Plural 31

LEKTION 8

§ 22 Wurzel und Morphemtyp 33
§ 23 Infinitiv und Nennform des Verbs 34
§ 24 Das Perfekt 35

LEKTION 9

§ 25 Die Genitivverbindung 38
§ 26 Ausfallende Kurzvokale 39
§ 27 Genera II 40
§ 28 Kürzung von Langvokalen im Vorton 41

LEKTION 10

§ 29 Der Dual 42
§ 30 Kollektiva und Nomina unitatis 42
§ 31 Nisbe-Adjektive 43
§ 32 Suffigierte Personalpronomen II 44

LEKTION 11

§ 33 Das Imperfekt 47
§ 34 Der Imperativ 49
§ 35 Partizipien 49

LEKTION 12

§ 36 Die Stämme des starken Verbs 52
§ 37 Transitive und intransitive Verben 53

LEKTION 13

§ 38 Suffigierte Personalpronomen III 56
§ 39 Verba mediae infirmae im Grundstamm 59

LEKTION 14

§ 40 Die Negation 61
§ 41 Zahlen 63

LEKTION 15

§ 42 Verba tertiae infirmae im Grundstamm 68

§ 43 Verba primae infirmae 70
§ 44 Mehrfach schwache Verben 71

LEKTION 16

§ 45 Die Verben *akal* und *axad* 72
§ 46 Verba mediae geminatae im Grundstamm 73
§ 47 Vierradikalige Verben 74

LEKTION 17

§ 48 Der Elativ 76
§ 49 Die Admirativformel 78
§ 50 Farben und körperliche Gebrechen 79

LEKTION 18

§ 51 Der II. Stamm 80
§ 52 Morphemtyp *-ēlla* 82
§ 53 Kongruenz des Adjektivs II 82

LEKTION 19

§ 54 Silbentypologie 85
§ 55 Akzent 86
§ 56 Die Silbenregel 87

LEKTION 20

§ 57 Ausnahmen von der Silbenregel 89
§ 58 Ausfall des Kurzvokals *a* 90
§ 59 Hilfsvokale II 90
§ 60 Pausalformen 91
§ 61 Der III. Stamm 91
§ 62 Der Genitivexponent 92

LEKTION 21

§ 63 Der IV. Stamm 94
§ 64 Berufsbezeichnungen 96

LEKTION 22

§ 65 Der V. Stamm 99
§ 66 Der II. Stamm des vierradikaligen Verbs 100
§ 67 Assimilation 101

LEKTION 23

§ 68 Anredeformen 103
§ 69 Grüße, Dankesbezeigungen, Wünsche und Verwünschungen 105

LEKTION 24

§ 70 Der VI. Stamm 113
§ 71 Der Relativsatz mit *illi* 114
§ 72 Der Fragesatz 115

LEKTION 25

§ 73 Das Wörtchen *bass* 117
§ 74 Der VII. Stamm 118
§ 75 Der Diminutiv 119

LEKTION 26

§ 76 *kull* „jeder; ganz; alle“; *baʕḍ* „einige; etwas; einander“ 121
§ 77 Der VIII. Stamm 123

LEKTION 27

§ 78 Ḥāl-Sätze 126
§ 79 Topic-Comment Sätze 127
§ 80 Konditionalsätze 127
§ 81 Der IX. Stamm 130

LEKTION 28

§ 82 Ausnahmepartikel 131
§ 83 Indefinita 132

LEKTION 29

§ 84 Der X. Stamm 136
§ 85 Verbalnomina 137
§ 86 Nomina loci und Nomina instrumenti 138

LEKTION 30

§ 87 Irreguläre Verben 140
§ 88 Verbmodifikatoren und Hilfsverben 142

ANHANG

Leonhard Bauer (1865-1964) 147
Paradigmentafeln 151

Vorwort

Dieses Lehrbuch entstand während Kursvorlesungen zum palästinensischen Arabisch, die ich in den Jahren 2008 bis 2012 am Lehrstuhl für Semitistik von Professor Arnold an der Universität Heidelberg abhielt. Meine Aufgabe bestand in der Vermittlung der Grammatik in 30 Doppelstunden, verteilt auf zwei Semester. Ein palästinensischer Muttersprachler übte dazu in 60 weiteren Doppelstunden mit den Studenten das bei mir zuvor Erlernte. Das Buch enthält allein den theoretischen Teil meines Unterrichts. Wie der Herausgeber dieser Reihe ganz richtig bemerkte, müsste es deshalb eher als „Lehrgrammatik" oder „Referenzgrammatik" des Palästinensisch-Arabischen bezeichnet werden.

Wer das Buch in die Hand nimmt in der Erwartung, nach der Lektüre Palästinensisch sprechen zu können, wird enttäuscht werden. Denn es dient allein der Erlernung der Grammatik. Praktische Sprachkenntnisse kann man nicht aus Büchern erwerben. Wer danach strebt, kommt nicht umhin, sich längere Zeit im palästinensisch-arabischen Sprachraum aufzuhalten. Für das schnelle Verständnis der sprachlichen Phänomene, mit denen er dabei konfrontiert wird, kann ihm dieses Werk dann eine umfassende Hilfestellung bieten.

Das Lehrbuch erhebt nicht den Anspruch, die genaue Darstellung eines bestimmten Stadtdialekts zu sein. Es stellt vielmehr einen verallgemeinerten, idealtypischen Dialekt dar, der sich aus charakteristischen Elementen verschiedener Städte zusammensetzt. Im Einzelfall wird man also immer Abweichungen von den hier gemachten Angaben finden. Grundlage der grammatikalischen Ausführungen sind in erster Linie eigene Forschungen in il-Xalīl (Hebron), Jerusalem, Nablus und vor allem in Ramallah. Daneben dienten auch die im Literaturverzeichnis erwähnten Bücher als Quelle, insbesondere das immer noch famose Lehrbuch von Leonhard Bauer. Ich habe mir die Freiheit genommen, einige Beispielsätze daraus zu übernehmen. Das Buch beschreibt einen eher zentralpalästinensischen Dialekttypus. Weiter im Norden, etwa in Galiläa, werden deutliche Abweichungen von seinen Angaben auftreten.

Mein Dank geht an Pia Oberacker, die den deutschen Text Korrektur gelesen hat. Fehler, die sich durch nachträgliche Änderungen eingeschlichen haben, konnte sie natürlich nicht mehr verhindern. Renaud Kuty hat das Manuskript sorgfältig durchgearbeitet. Ich verdanke ihm zahlreiche Hinweise, die zu Verbesserungen und Ergänzungen geführt haben. Meinem Lehrer Otto Jastrow danke ich dafür, dass das Werk in der Reihe Semitica Viva – Series Didactica erscheinen kann.

Ulrich Seeger, im April 2013

Literaturempfehlungen

Bauer, Leonhard: Das Palästinische Arabisch: Die Dialekte des Städters und des Fellachen. Grammatik, Übungen und Chrestomathie. Leipzig: J.C. Hinrichs'sche Buchhandlung, ^{2}1910, ^{3}1913, ^{4}1926, Fotomechanischer Nachdruck der 4. Aufl. Leipzig 1970.

Durand, Olivier: Grammatica di Arabo Palestinese: Il Dialetto di Gerusalemme. Roma: Università Degli Studi «La Sapienza», 1996 (Studi Semitici; Nuova serie 14).

Elihai, Johanan: Speaking Arabic: a course in conversational Eastern Arabic (Palestinian). Book 1–4. Jerusalem: Minerva Publishing House, 2011.

Halloun, Moïn: Lehrbuch des Palästinensisch-Arabischen. Zwei Bände. Heidelberg: deux mondes, 2001.

Seeger, Ulrich: Arabische Dialekttexte aus il-Xalīl (Hebron). *Mediterranean Language Review* 10 (1998) 89–145. Ungekürzte Version als Download unter <http://semitistik.uni-hd.de/seeger_xalil.html>.

Wikipedia-Artikel „Palästinensisch-Arabisch".

Wörterbücher:

Barthélemy, Adrien: Dictionnaire Arabe – Français. Dialectes de Syrie: Alep, Damas, Liban, Jérusalem. Paris: Geuthner, 1935–1969.

Bauer, Leonhard: Deutsch – Arabisches Wörterbuch der Umgangssprache in Palästina und im Libanon. Wiesbaden: Harrassowitz, ^{2}1957.

Elihai, Johanan: The Olive Tree Dictionary: A Transliterated Dictionary of Conversational Eastern Arabic (Palestinian). Jerusalem: Minerva, 2004.

Seeger, Ulrich: Der arabische Dialekt der Dörfer um Ramallah. Teil 2: Glossar. Wiesbaden: Harrassowitz, 2009 (Semitica Viva; 44,2).

LEKTION 1 / *id-dars il-awwal*

Einleitung

§ 1: Das Arabische und seine Dialekte

Der arabische Sprachraum erstreckt sich heute von der atlantischen Küste Nordafrikas bis hinein in den Iran. Eine auf dem klassischen Arabisch des Koran basierende Standardsprache dient den Arabern als gemeinsame Schrift- und Hochsprache. Darunter haben sich die im Alltagsleben gesprochenen Umgangssprachen weitgehend diversifiziert. Man muss sich die Situation etwa so vorstellen, als ob in den heutigen romanischen Ländern (Italien, Frankreich, Spanien, Portugal, Rumänien) eine gemeinsame, dem alten Latein nahestehende Sprache in den Medien, in der Literatur, im schriftlichen Verkehr und bei formellen Anlässen benutzt würde. Die Dialektunterschiede im Arabischen sind so groß, dass zwei Araber aus verschiedenen Regionen sich mitunter nicht verstehen, wenn jeder in seiner eigenen Mundart spricht. Da überall in der arabischen Welt Hocharabisch im Schulunterricht von der ersten bis zur letzten Schulklasse obligatorisch ist, können sich die beiden jedoch auf einem gehobenen sprachlichen Level treffen und verstehen, indem sie ihre Ausdrucksweise entsprechend den Schulkenntnissen und den Erfordernissen anheben.

Das klassische Arabisch begann sich bereits im Altertum in verschiedene Dialekte aufzuspalten. Wir unterscheiden heute fünf große, deutlich unterschiedene Dialekträume: Der Maghreb in Nordafrika, der ägyptisch-sudanesische Raum, Großsyrien (umfassend Syrien, Palästina und Libanon), Mesopotamien und schließlich die arabische Halbinsel.

Das Palästinensisch-Arabische wird also zu den syrischen Dialekten gezählt. Doch liegt es nicht nur geographisch zwischen Ägypten und Syrien, es weist auch sprachlich Merkmale beider Dialektengruppen auf. Aus dem Ägyptischen stammt z.B. das Wörtchen *zayy* „wie“, das in Palästina in friedlicher Koexistenz mit dem syrischen, gleichbedeutenden *mitl* lebendig ist. Auch ist die in Palästina übliche Art der Verneinung mit einem angehängten *-š* typisch ägyptisch, in Syrien und im Libanon jedoch weitgehend unbekannt.

Daneben hat das Palästinensisch-Arabische aber auch Merkmale, die erlauben, es als einen eigenständigen Dialekt zu betrachten. An allererster Stelle sei hier genannt die Verwendung des Wörtchens

iši „Sache, etwas".

Es ist im arabischen Sprachraum derart charakteristisch, dass Sie einen Sprecher, der *iši* benutzt, mit an Sicherheit grenzender Wahrscheinlichkeit als Palästinenser identifizieren können. Ähnlich einzigartig ist das Zahlwort

wāḥad „eins".

Das Charakteristische daran ist das kurze *a* in der Endsilbe. In allen benachbarten Ländern hört man an der Stelle ein *i*.

§ 2: Die soziologische Aufspaltung des Palästinensisch-Arabischen

Während wir von den deutschen Dialekten eine Gliederung nach geographischen Gesichtspunkten kennen, ist die wesentlichere und einschneidendere Unterscheidung im Palästinensischen eine soziologische. Wir unterscheiden drei deutlich voneinander geschiedene Gruppen: Die Dialekte der Städter, der Bauern und der Beduinen. Die Merkmale dieser drei Dialektgruppen sind dermaßen auffällig, dass es einem bereits nach wenigen Sätzen möglich ist, einen Sprecher einer der drei Gruppen sicher zuzuordnen. Das heißt zum Beispiel, dass sich die Stadtdialekte von Nablus und il-Xalīl (Hebron) weitaus näher stehen, als beispielsweise der Dialekt der Stadt Nablus und der Dialekt eines kleinen Bauerndorfes unmittelbar vor seinen Toren. Das gilt sogar noch in größerem geographischen Maßstab: In Beirut, Damaskus, Jerusalem und Kairo wird ein Dialekt vom städtischen Typus gesprochen, der sich deutlich von den Dialekten der Bauern Palästinas und ebenso deutlich von dem der Beduinen im noch weiteren Umkreis unterscheidet.

Natürlich sind diese Begriffe „städtisch, bäuerlich, beduinisch" historische Begriffe. Ein Mensch, dessen Familie vom Land stammt, kann heute natürlich auch in der Stadt arbeiten. In der Regel bemüht er sich bei der Arbeit, städtisches Arabisch zu sprechen, weil das ein höheres Prestige besitzt. Aber seine Kollegen werden sich sehr wundern, wenn sie ihn einmal bei einem Telefongespräch mit seiner Familie belauschen. Selbst am Arbeitsplatz wird er im

Verkehr mit anderen Menschen bäuerlicher Herkunft die Gelegenheit nutzen, so zu sprechen, „wie ihm der Schnabel gewachsen ist“. Auch bäuerliche Sprecher sind heute stolz auf ihren Dialekt, obwohl er gesellschaftlich nicht so angesehen ist. Die junge, in den Städten großgewordene Generation hingegen spricht lieber städtisch, da das als viel schicker gilt. Die palästinensische Gesellschaft ist durch Flucht, Vertreibung und fortgesetzte ethnische Säuberung wie kaum eine zweite durcheinandergewirbelt worden. Beispielsweise wird in dem ursprünglichen Bauerndorf Ramallah heute ein städtischer Dialekt gesprochen, weil 1948 Tausende von Flüchtlingen aus den weiter westlich gelegenen Städten ir-Ramle und il-Lidd (Lydda) in das Dorf strömten und heute sprachlich den zur Stadt gewordenen Ort dominieren.

Thema dieses Lehrbuchs ist der städtische Dialekt. Doch wir wollen zumindest einen kurzen Blick auf die beiden anderen Dialekte riskieren und einige charakteristische Unterscheidungsmerkmale aufzählen. Den altarabischen, uvularen Verschlußlaut *q* sprechen die Städter heute als „Glottal Stop“ *ʔ,* die Bauern als *k* und die Beduinen als stimmhaftes *g.* Eine genauere Beschreibung all dieser Laute finden Sie in den folgenden Paragraphen zur Phonetik und Phonologie. Bauern und Beduinen haben noch Interdentale (Zunge an den Schneidezähnen) *ḏ , ṯ, ḏ̣ ,* während die Städter stattdessen *d , t , ḍ* verwenden. Beim Verbum und beim Personalpronomen der 2. und 3. Person Plural haben Bauern und Beduinen verschiedene maskuline und feminine Formen, während die Städter eine Form für beide Geschlechter verwenden:

	q	Interdentale	2. + 3. Ps. Pl. beim Verb und Personalpronomen
städtisch	ʾ	*d, t, ḍ*	mask. = fem.
bäuerlich	*k*	*ḏ, ṯ, ḏ̣*	mask. ≠ fem.
beduinisch	*g*	*ḏ, ṯ, ḏ̣*	mask. ≠ fem.

Hocharabisches *qāl* „sagen“ spricht ein Städter *ʔāl* aus, ein Bauer *kāl* und ein Beduine guttural *gāl. qalb* „Herz“ heißt beim Städter *ʔalb,* beim Bauern *kalb* und beim Beduinen *galb. kalb* wiederum heißt beim Städter aber „Hund“, so dass durchaus in der Kommunikation lustige Missverständnisse entstehen können, etwa wenn ein Bauer zu einem Städter sagt, dass ihm sein Herz weh tue. In der Praxis sind solche Verwechslungen aber selten, denn die Bevölkerungsgruppen kennen sich und ihre sprachlichen Eigenarten sehr gut, und außerdem macht der Kontext solche Äußerungen in der Regel unzweideutig.

Neben den genannten Unterscheidungen gibt es selbstverständlich noch zahlreiche weitere Charakteristika der drei Dialektgruppen, doch wir wollen uns nun allein dem städtischen Arabisch zuwenden und nur gelegentlich auf anderen Sprachgebrauch verweisen.

Der bedeutendste Erforscher und Beschreiber des Palästinensisch-Arabischen war Leonhard Bauer (1865 – 1964). Wer über diesen Pionier der arabischen Dialektologie mehr erfahren möchte, findet einen kurzen Lebensabriss im Anhang dieses Buches.

LEKTION 2 / *id-dars it-tāni*

Phonetik und Phonologie

§ 3: Linguistische Grundlagen

Seit alters her sind die Bestandteile der Grammatik

- die Phonologie = die Lehre von den bedeutungstragenden Lauten einer Sprache
- die Morphologie = die Formenlehre, die Lehre von der Struktur ihrer Wörter
- die Syntax = die Lehre vom Satzbau, also von der Anordnung der Wörter im Satz.

Zur Grammatik kann man schließlich auch noch das Lexikon, die Gesamtheit des Wortschatzes einer Sprache rechnen. Wir beschäftigen uns zunächst mit der Phonologie.

Einen Sprachlaut nennt man Phon. Die Wissenschaft, die sich mit den Sprachlauten beschäftigt nennt man Phonetik. Das Adjektiv dazu lautet phonetisch. Nicht alle Phone erzeugen verschiedene Bedeutungen. Betrachten Sie z.B. im Deutschen den ch-Laut in „ich" und in „Bach". Der erste wird vorne im Mund erzeugt, man transkribiert ihn in der Phonetik mit dem Zeichen *ç*, der zweite hinten im Rachen, wir schreiben für ihn *x*. In phonetischer Umschrift heißen die beiden Wörter also *iç* und *bax*. Zwei gänzlich unterschiedliche Laute, und doch benutzt man aus gutem Grund in der Schrift denselben Ausdruck „ch" für sie. Denn wenn man sie austauscht, also etwa *ix* und *baç* spricht, so klingt es zwar merkwürdig, aber man versteht doch, was gemeint ist, die Wörter ändern nicht ihre Bedeutung. Ganz anders beispielsweise bei *d* und *t*: Sage ich „Dorf" statt „Torf", so ergibt sich durch die Lautersetzung eine völlig andere Bedeutung. *d* und *t* unterscheiden sich im Deutschen also mehr als *ç* und *x*. Wenn wir nun, mathematisch gesprochen, die Äquivalenzrelation „erzeugt dieselbe

Bedeutung“ in der Menge aller Phone durchführen, so erhalten wir disjunkte Klassen von Lauten, die dieselbe Bedeutung erzeugen, beispielsweise {*ç x* ...}. Solch eine Klasse nennt man ein Phonem und setzt es in Schrägstriche /*x*/ = /*ç*/ = {*ç x* ...}. Die einzelnen Laute einer Phonemklasse heißen Allophone. *ç* und *x* sind also Allophone ein und desselben Phonems. In diesem Fall handelt es sich um stellungsbedingte Allophone, in der Nachbarschaft von „hellen“ Vokalen wird der ch-Laut *ç* gesprochen, in der Umgebung von „dunklen“ *x*. Ein anderes Beispiel in der deutschen Sprache für Allophone sind die verschiedenen *k* in „Kind – Küche – Kalb – Koch“. Sie werden alle an verschiedenen Stellen des Gaumens gebildet, bilden aber ein einziges Phonem /*k*/.

Die Wissenschaft von den Phonemen einer Sprache nennt man nun Phonologie. Unsere erste Aufgabe wird sein, die Phoneme des Palästinensisch-Arabischen und ihre Allophone zu beschreiben. Wir werden uns dazu einer Umschrift bedienen, in der jedem Phonem in eineindeutiger Weise ein Transkriptionssymbol in kursiver Schrift zugeordnet wird. Die Schrägstriche sparen wir uns zukünftig. Die Umschreibung eines Phonems durch eine Kombination von Buchstaben, wie etwa beim deutschen „ch“, werden wir vermeiden, wohl aber werden wir uns diakritischer Zeichen bedienen, wie etwa der an das *c* angehängten Cedille in *ç*.

Eine gewisse Verwirrung wird sich beim Leser einstellen, der in die englischsprachige linguistische Literatur hineinschaut. Während wir unterscheiden zwischen

- Phonetik (Adjektiv: phonetisch; Lehre von den Phonen) und
- Phonologie (Adjektiv: phonemisch; Lehre von den Phonemen)

wird dort das Wort „Phonology“ als Überbegriff dieser beiden Wissenschaften benutzt. Die „Phonology“ spaltet sich auf in Phonetics (= Phonetik) und Phonemics (= Phonologie).

Wenn in einer Sprache zwei Laute allophon sind, muss das in einer anderen Sprache noch lange nicht sein und umgekehrt. Im Deutschen ist etwa das lange „a“ unterschieden vom langen „ä“: /ā/ ≠ /ǟ/. Denn wir haben beispielsweise die Minimalpaare <Vater : Väter>, <garen : gären> und <Bar : Bär>, in denen sie unterschiedliche Bedeutungen erzeugen, obwohl alle anderen Laute im Wort übereinstimmen. Im Arabischen dagegen sind diese beiden Laute

Allophone /ā/ = /ā̈/, und zwar ebenfalls stellungsbedingte. Wir schreiben deshalb für beide Laute dasselbe Zeichen *ā*, und wissen, sobald wir die Regeln kennengelernt haben, dass man *nām* „schlafen" als *nā̈m* zu lesen hat und *ṭāb* „genesen" mit einem ganz dunklen, langen *ā*.

Man beschreibt die Sprachlaute nach zwei Gesichtspunkten:

Synchronisch: Eine Beschreibung des Ist-Zustands, des Bestands der Phoneme und ihrer Allophone.

Diachronisch: Woraus ist der Laut, der jetzt ist, entstanden? Wie ist seine lautgeschichtliche Herkunft? Wir schreiben $x > y$, wenn sich der Laut x zu y entwickelt hat und $y < x$, wenn y aus x hervorgegangen ist.

Traditionell teilt man die Sprachlaute ein in Konsonanten („Mitlaute"), bei denen der Luftstrom zu ihrer Erzeugung einen wie auch immer gearteten Widerstand im Mund oder Rachenraum erfährt, und in Vokale („Selbstlaute"), bei denen er relativ ungehindert aus dem Mund herausströmt. Dazwischen stehen die Halbvokale, die eher wie Vokale gebildet, aber wie Konsonanten, z.B. als Silbenanfang, benutzt werden.

§ 4: Beschreibung der Konsonanten

Konsonanten beschreibt man nach ORT und ART ihrer Erzeugung. Um den Ort zu beschreiben benutzt man die Begriffe in der Abbildung rechts:

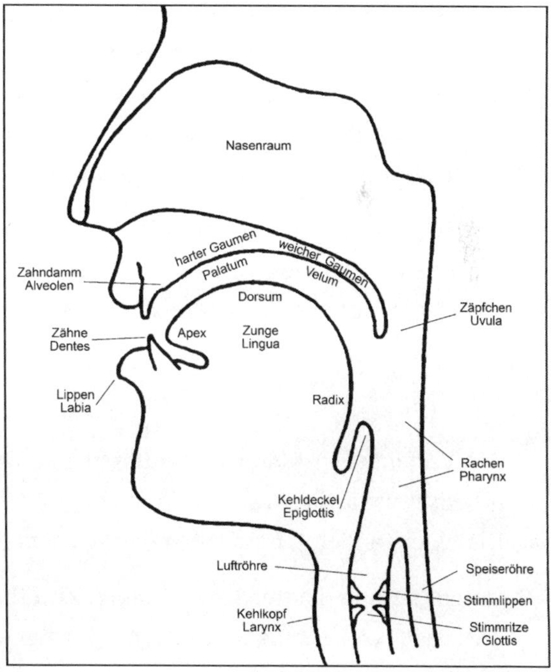

Man spricht von dentalen, labialen, bilabialen, labiodentalen, alveolaren, palatalen, velaren, uvularen, pharyngalen und glottalen Lauten. Veraltet ist der Begriff „guttural", er bezeichnet umgangssprachlich velare, pharyngale und glottale Laute, insbesondere das „ġ“. Manche Autoren bezeichnen pharyngale und glottale Laute mit dem Überbegriff „laryngal“.

Zur Beschreibung der Art der Erzeugung benutzt man folgende Begriffe:

stimmhafte – stimmlose Laute:

b – (p) / d – t / (g) – k sind Paare von stimmhaft – stimmlosen Konsonanten, die an derselben Stelle gebildet werden. Bei ersteren schwingen die Stimmlippen mit, bei zweiteren nicht. Fassen Sie mit der flachen Hand an Ihren Kehlkopf, dann spüren Sie den Unterschied. Die Konsonanten, die im städtischen Palästinensisch nicht vorkommen, sind in Klammern gesetzt. Achtung: Im Arabischen sind stimmhafte Konsonanten am Wortende stets auch stimmhaft zu sprechen. Ein Deutscher neigt dazu *balad* „Land“ mit *t* am Ende zu artikulieren *balat* „Lant“. Das kann im Arabischen zu schwerwiegenden Missverständnissen führen, wie wir bald sehen werden.

Verschlusslaute (Plosive) — Reibelaute (Frikative):

b – (v) / (p) – f / d – (ḏ) / t – (ṯ) / (g) – ġ / k – x sind Paare von Verschlusslauten und Reibelauten, die ungefähr an derselben Stelle gebildet werden. *ṯ* ist das englische „th“ in „thunder“ und gehört im städtischen Palästinensisch nicht zum ererbten Phonembestand (wohl aber im Hocharabischen und im bäuerlichen Palästinensisch). Bei einem Verschlusslaut sprengt der Luftstrom einen vollständigen Verschluss mit einem Male auf, bei einem Reibelaut überwindet der Luftstrom eine Enge. Reibelaute können im Gegensatz zu Verschlusslauten länger angehalten werden.

Zu jedem stimmhaften Laut gibt es ein stimmloses Pendant und zu jedem Plosiv ein frikatives Gegenstück. Dadurch erhält man jeweils ein Viereck von stimmhaft-stimmlosen und zugehörigen plosiv-frikativen Varianten:

b	*(v)*	*d*	*(ḏ)*	*(g)*	*ġ*
(p)	*f*	*t*	*(ṯ)*	*k*	*x*

Die Varianten in Klammern gehören zwar nicht zum ererbten Inventar des Städtisch-Palästinensischen, kommen jedoch in Entlehnungen aus anderen Dialekten, anderen Sprachen oder aus dem Hocharabischen vor.

Vibranten (gerollte Laute, Schwinglaute, Zitterlaute):

Z.B. das gerollte Zungenspitzen-*r*, wie man es aus dem Italienischen kennt.

Laterale (Seitenlaute):

Hierzu gehört das *l*, da bei seiner Artikulation der Luftstrom zu beiden Seiten der Zunge hinausströmt.

Nasale (Nasenlaute):

Bei den Konsonanten *m, n* entweicht der Luftstrom durch die Nase.

Sibilanten (Zischlaute):

s, š, z, ž. Im Deutschen haben wir nur zwei sibilantische Phoneme *s* und *š*, die wir mit „s" und „sch" schreiben: <Sohn : schon>. Im Arabischen gibt es noch deren stimmhafte Varianten *z* und *ž* als eigenständige Phoneme. Auch uns ist das stimmhafte Bienchen-s *z* nicht unbekannt, es ist ein stellungsbedingtes Allophon des stimmlosen *s*. Es hat aber im Deutschen keinen phonemischen Charakter, spricht man stimmlos *s* statt stimmhaft *z* oder umgekehrt, so entsteht keine neue Wortbedeutung. In den Süddeutschen Dialekten verzichtet man sogar ohne Probleme vollständig auf Stimmhaftigkeit. *ž* ist das stimmhafte Gegenstück zu „sch", gesprochen wie in Französisch „journal". Im Arabischen gehören die beiden stimmhaft-stimmlosen Lautpaare zwei verschiedenen Phonemklassen an und sind deshalb in der Aussprache deutlich zu unterscheiden. So heißt beispielsweise *biss* „Katze", aber *bizz* „weibl. Brust", was Ihnen hoffentlich deutlich genug vor Augen führt, wie streng Sie die korrekte Aussprache von stimmhaften und stimmlosen Lauten selbst am Wortende beachten müssen, um nicht Anlass zu allgemeiner Heiterkeit zu bieten.

Emphatika (velarisierte Laute):

Die emphatischen Phoneme *ṣ, ḍ, ṭ, (ẓ), (ḏ̣)* unterscheiden sich von ihren entsprechenden nichtemphatischen Phonemen *s, d, t, z, (ḏ)* durch zusätzliche Velarisierung: Der hintere Teil der Zunge wird gegen den weichen Gaumen (Velum) angehoben, wobei sich gleichzeitig die Zungenspitze etwas nach vorne schiebt. Dadurch erhält der Konsonant einen eigentümlich dunklen, „emphatischen" = nachdrücklichen Charakter. Dies wirkt sich auf die unmittelbar benachbarten Vokale aus, die ebenfalls in der Aussprache „dunkler" werden. Das oben erwähnte Phonem */ā/* wird in der Nachbarschaft emphatischer Konsonanten beispielsweise niemals *ǟ* ausgesprochen. Hören Sie sich die folgenden Beispiele von Minimalpaaren an:

ṣār	„werden“	:	*sār*	„fahren“	:	*zār*	„besuchen“
ṣēf	„Sommer“	:	*sēf*	„Schwert“			
ḍarb	„Schlag“	:	*darb*	„Weg“			
ṭīn	„Lehm“	:	*tīn*	„Feigen“	:	*dīn*	„Religion“

Affrikaten (konsonantische Zwielaute):

Eine Affrikate ist eine solch enge Verbindung eines Plosivs mit einem unmittelbar anschließend gesprochenen Frikativ (der genau oder fast genau an derselben Stelle gesprochen wird), dass man diese Verbindung als einen einzigen Laut betrachten kann. Aus dem Deutschen sind Ihnen beispielsweise geläufig „z“ = „ts“ und die für das Deutsche ungemein charakteristische Affrikate „pf“. Im Städtisch-Palästinensischen begegnet uns in erster Linie das *ğ* = *dž*, eine Verbindung aus *d* und *ž*. Sie kennen *ğ* aus dem Englischen, etwa in „John“ oder „journey“. Viele Städter sprechen statt einer Affrikate *ğ* lediglich *ž*, es gilt also */ğ/* = */ž/*. In manchen städtischen Dialekten sind *ğ* und *ž* auch stellungsbedingte Allophone. Es ist Ihnen frei überlassen, wie Sie dieses Phonem aussprechen wollen.

Halbvokale

Halbvokale werden gebildet wie Vokale, also ohne größere Hemmung oder Einschränkung des Luftstroms, aber benutzt wie Konsonanten, insbesondere als Silbenanfang. Es kommen vor

y (wie deutsches „j“ in „jagen“) und

w (bilabial wie in Englisch „well“, „water“, nicht labiodental wie deutsches „w“ in „Wasser“).

LEKTION 3 / *id-dars it-tālit*

§ 5: Das palästinensische Konsonantensystem

Wir haben nun alle nötigen Begrifflichkeiten zu Ort und Art der Artikulation von Konsonanten beisammen, um eine vollständige Phonemtabelle des Städtisch-Palästinensischen aufzustellen. Die „x-Achse" bezeichnet dabei den Ort der Artikulation, die „y-Achse" deren Art:

		labial/ labiodental	dental/ alveolar	palatal		velar	uvular/ pharyngal	glottal
Plosive	stimmlos		*t*			*k*	*(q)*	*ʔ*
	stimmhaft	*b*	*d*			*(g)*		
	emphatisch	*(ḅ)*	*ṭ ḍ*					
Affrikaten	stimmlos			*(č)*				
	stimmhaft			*ǧ*				
Frikative	stimmlos	*f*	*(ṯ)*	*s*	*š*	*x*	*ḥ*	*h*
	stimmhaft	*(v)*	*(ḏ)*	*z*	*(ž)*	*ġ*	*ʕ*	
	emphatisch		*(ḏ̣)*	*ṣ (ẓ)*				
Vibranten			*r (ṛ)*					
Laterale			*l (ḷ)*					
Nasale		*m (ṃ)*	*n*					
Halbvokale		*w (w̡)*			*y*			

In Klammern gesetzt sind marginale Laute, die nur gelegentlich vorkommen (z.B. in Lehnwörtern aus anderen Sprachen und Dialekten oder aus der Hochsprache), die aber nicht zum ererbten Lautbestand gehören. Ebenso Laute, die keine eigenständigen Phoneme, sondern lediglich Allophone anderer Phoneme sind.

Insgesamt ergeben sich 24 ererbte Konsonantenphoneme. Zum Vergleich: Deutsch hat 25 Phoneme und auch der englische Konsonantenbestand liegt in derselben Größenordnung (jeweils Affrikaten nicht mitgezählt). Laut Internationalem Phonetischen Alphabet (IPA) gibt es insgesamt auf der Welt ca. 60 Konsonantenphoneme.

Bemerkungen zu den einzelnen Lauten:

(q) Ein stimmloser, uvularer Verschlusslaut, d.h. ein möglichst weit hinten im Rachen gesprochenes „k", so weit hinten, dass den Anfänger bei den ersten Versuchen seiner Artikulation fast ein Würgereiz befällt. *q* ist ein Phonem des Altarabischen und des modernen Hocharabischen, im Städtisch-Palästinensischen kommt der Laut nur in Entlehnungen aus der Hochsprache vor.

ʔ Arab. *Hamze,* von anderen Autoren auch ʾ notiert: Der Stimmritzenverschlußlaut, engl. Glottal Stop. Auch das Deutsche kennt diesen Laut, notiert ihn aber nicht in der Schrift: Der kurze, mit den Stimmlippen erzeugte Knacklaut, der vor vokalisch anlautenden Silben steht, z.B. in „aufatmen" = *ʔauf-ʔat-men,* „anekeln" = *ʔan-ʔē-keln,* „Beamter" = *be-ʔam-ter.* Die Nichtschreibung von *Hamze* kann im Deutschen sogar zu Missverständnissen führen, etwa in „Streikende" = *strei-ken-de* oder *streik-ʔen-de.* Da das altarabische Phonem *q* im städtischen Palästinensisch zu *Hamze* wurde *(q > ʔ),* taucht der Glottal Stop häufig auf, und zwar in jeder Position, selbst am Silbenende. Beispiele: *ʔalb* „Herz", *ʔana* „ich", *laʔ* „nein", *hallaʔ* „jetzt", *ḥaʔʔ* „Preis". Wir haben in diesem Buch die Konvention, *q* zu schreiben, wenn *ʔ* etymologisch auf *q* zurückgeht, also *qalb* „Herz", *hallaq* „jetzt", *ḥaqq* „Preis", und *Hamze* überhaupt nicht zu notieren, wenn es auf altes *Hamze* zurückgeht und am Wortanfang steht, also *ana* „ich", aber *laʔ* „nein". Im ersteren Fall müssen wir also darauf achten, überall wo *q* steht, *Hamze* zu lesen, und im zweiteren Fall, am Wortanfang vor Vokal ein *Hamze* zu sprechen, doch das machen wir ja sowieso automatisch.

(ḅ, ṃ, ẉ) sind emphatische Allophone zu *b, m, w ,* die in bestimmten Wörtern vorkommen, z.B. *ḅāḅa* „Papa", *ṃāṃa* „Mama", *ẉāẉi* „Fuchs; Schakal".

(č) Die Affrikate *tš* = deutsch „tsch“ wie in „Tschechien“. Ein häufiger Laut im bäuerlichen Palästinensisch, da dort *k* > *č* wurde. Im Städtischen nur in Lehnwörtern aus dem Bäuerlichen oder anderen Sprachen, z.B. *čabtar* „Kapitel“ (engl. „chapter“).

ǧ Man beachte, wie oben unter „Affrikaten“ ausgeführt, dass viele Städter *ǧ* auch als *ž* aussprechen, also nicht wie in italienisch „Gina“, sondern wie französisch „Jean“. /*ǧ*/ ist das schillerndste Phonem in der arabischen Dialektologie, es finden sich in der arabischen Welt Realisierungen als *g* (Ägypten), *ǧ* (Palästina), *ž* (Libanon), *d* (Oberägypten), *y* (Kuweit), *č* (Palmyra/Syrien), *ć* = „ts“ (Soukhne/Syrien), *ɟ* = „d^{j}“ oder „g^{j}“ = palatalisiertes d oder g (Jemen).

(ṯ, ḏ, ḏ̣) Das englische „th“ hat zwei Allophone, ein stimmloses in „thunder“, das entspricht dem *ṯ*, und ein stimmhaftes in „the“, das entspricht dem *ḏ*. Im Arabischen sind dies zwei getrennte Phoneme. Dazu kommt noch ein drittes Phonem, das mit der Zungenspitze an den oberen Schneidezähnen gebildet wird, das *ḏ̣* (emphatisches *ḏ*). All diese Interdentale kommen im Städtischen höchstens in Entlehnungen aus der Hochsprache vor, denn sie wurden in altererbten Wörtern zu Verschlusslauten verschoben *ṯ* > *t*, *ḏ* > *d*, *ḏ̣* > *ḍ*. Gebildete Sprecher können sie artikulieren, doch werden im alltäglichen Sprachgebrauch oft Sibilanten dafür substituiert, ähnlich wie es ein Deutscher macht, der kein englisches „th“ sprechen kann, also *s* statt *ṯ*, *z* statt *ḏ*, *ẓ* statt *ḏ̣*. Einige Wörter sind mit diesen Substitutionen in den festen Bestand des städtischen Dialekts eingegangen, z.B. *masalan* „beispielsweise“, *kazzāb* „Lügner“, *ẓarf* „Briefumschlag“, *maẓbūṭ* „korrekt“. Bitte beachten Sie den Unterschied zwischen regulärer Lautentwicklung in alten Erbwörtern *(ṯ ḏ ḏ̣ > t d ḍ)* und Substitution in jüngeren Lehnwörtern *(ṯ ḏ ḏ̣ > s z ẓ)*.

(ẓ) ist Substitut für hocharabisches *ḏ̣* (siehe vorherigen Eintrag).

(v) ist das deutsche labiodentale „w“. Ein äußerst seltener Laut im Palästinensischen, der nur in einigen exotischen Fremdwörtern auftaucht und dort von den Arabern mühelos artikuliert werden kann, beispielsweise *vēlla* „Villa“, *Silvāne* = Name einer in Ramallah herge-

stellten Schokoladenmarke. *v* ist das stimmhafte Pendant zu *f*, ein arabischer Sprecher assoziiert deshalb mit diesem Laut eher ein merkwürdig ausgesprochenes *f* als ein bilabiales *w*.

r, ġ *r* ist ein- oder mehrschlägiges Zungenspitzen-r, *ġ* ist deutsches „r" wie in „Rabe", also im Rachen artikuliert. *ġ* wird niemals gerollt, da man es ansonsten mit dem *r* verwechseln könnte. Dass diese beiden Laute deutlich zu unterscheiden sind, belegt folgendes Minimalpaar
ġašš „betrügen" : *rašš* „ausstreuen".
r hat ein emphatisches Allophon *ṛ*. Die emphatische Variante kommt im Palästinensisch-Arabischen sogar deutlich häufiger vor als die nichtemphatische. Wann welche Variante steht, ist noch nicht geklärt. Da der Unterschied oft sehr schwer zu hören ist, wird in diesem Buch in der Regel stets *r* für dieses Phonem notiert.

x ist die stimmlose Entsprechung zu *ġ* bzw. die frikative Entsprechung zu *k*. Manche Autoren notieren dafür auch *ḫ*. Es klingt wie deutsches „ch" in „Bach", jedoch artikulieren es die Araber meist etwas kräftiger, also mit stärkerem Luftstrom.

ṣ, ḍ, ṭ siehe § 4, Seite 9 unter Emphatika.

ḥ, ʕ ist ein korrespondierendes Paar pharyngaler Reibelaute. Der erste –*ḥ*– ist stimmlos, der zweite –ʕ– (manche transkribieren ihn auch ʿ oder ع) stimmhaft. Viele Autoren zählen diese beiden Laute zu den Emphatika. Ich schließe mich diesem Sprachgebrauch an, da manche Erklärungen dadurch einfacher zu formulieren sind. Das Erlernen dieser Konsonantenphoneme ist für den Europäer schwierig und erfordert viel Übung. Lassen Sie sich die Laute von einem Muttersprachler vorsprechen und haben Sie keine Hemmungen, stunden- und tagelang zu versuchen, es ihm nachzutun. Nur so können Sie sie erlernen. Üben Sie insbesondere die folgenden Wörter: *ḥāl* „Befinden", *ḥubb* „Liebe", *rāḥ* „gehen", *ṣaḥḥ* „richtig", *ğāmʕa* „Universität", *naʕnaʕ* „Pfefferminze", *maʕ* „zusammen mit", *ʕafwan* „Entschuldigung", *ʕarab(i)* „Araber, arabisch". Bei der Artikulation von *ḥ* darf nichts am Gaumen reiben. Dass /*ḥ*/, /*h*/ und /*x*/ getrennte Phoneme und deshalb beim Sprechen deutlich auseinanderzuhalten sind, beweist folgendes Minimalpaar:

ḥāl „Befinden“ : *hāl* „Kardamom“ *: xāl* „Onkel mütterlicherseits“.
Ebenso sind *ʕ* und *ʔ* zu unterscheiden:
ʕamal „Arbeit“ : *ʔamal* „Hoffnung“
ʕalam „Flagge“ : *ʔalam* „Schmerz“.

h wie deutsches „h“ in „haben“, es kommt aber auch am Silbenende vor. Niemals ist es so etwas wie das deutsche Dehnungs-h. Beispiele: *mahd* „Wiege“, *fawākih* „Obst“, *lah lah lah* (Ausruf des ungläubigen Erstaunens), *šahr* „Monat“*, nahr* „Fluss“*, šibih* „ähneln“.

(ḷ) ist die emphatische Variante von *l.* Es wird genauso ausgesprochen wie ein Kölner das deutsche „l“ spricht. Im Arabischen ist sein Gebrauch auf den Gottesnamen *Aḷḷa* und Zusammensetzungen mit ihm beschränkt. Es ist deshalb als stellungsbedingtes Allophon von */l/* zu werten. Anfänger neigen oft dazu, es für jedes vorkommende *l* zu sprechen, etwa *kaḷb* statt *kalb* „Hund“, doch das ist keineswegs empfehlenswert. Denn das emphatische *ḷ* löst bei arabischen Ohren automatisch die Assoziation zum Begriff „Gott“ aus, und das möchte man wahrhaftig nicht bei jedem Wort.

w, y siehe oben unter Halbvokale.

Die hier nicht extra erwähnten Phoneme *b t (g) k f d l m n* werden wie im Deutschen artikuliert.

Wir haben nun nicht nur alle konsonantischen Phoneme des städtischen Palästinensisch kennengelernt, sondern nebenbei auch die des modernen Hocharabischen, da letztere, beispielsweise in Entlehnungen aus der Hochsprache, alle auch im Dialekt auftauchen können. Arabische Schulkinder müssen auf der Schule natürlich das Alphabet lernen, und zwar das hocharabische. Leichte dialektale Färbungen sind dabei erlaubt, etwa wenn ein Kind *žīm* statt *ǧīm* sagt. Aber bei anderen Buchstaben, etwa den Interdentalen und dem *q,* besteht der Lehrer auf der korrekten Aussprache. Auf der nächsten Seite finden Sie das Alphabet so, wie es korrekt im Hocharabischen ausgesprochen wird und so, wie es ein palästinensisches Kind in der Schule lernen muss. Dem Leser wird dringend geraten, das Alphabet ebenfalls zu lernen, denn vernünftige arabische Dialektwörterbücher sind in dieser Reihenfolge sortiert.

LEKTION 4 / *id-dars ir-rābiʕ*

§ 6: Das arabische Alphabet

Umschrift	Hocharabisch	Palästinensisch
ʾ, ʔ	*alif*	*alif*
b	*bāʔ*	*bǟ*
t	*tāʔ*	*tǟ*
ṯ	*ṯāʔ*	*ṯǟ*
ǧ	*ǧīm*	*ǧīm, žīm*
ḥ	*ḥāʔ*	*ḥā*
x, ḫ	*xāʔ*	*xā*
d	*dāl*	*dǟl*
ḏ	*ḏāl*	*ḏǟl*
r	*rāʔ*	*rā*
z	*zāy*	*zēn*
s	*sīn*	*sīn*
š	*šīn*	*šīn*
ṣ	*ṣād*	*ṣād*
ḍ	*ḍād*	*ḍād*
ṭ	*ṭāʔ*	*ṭā*
ḏ̣	*ḏ̣āʔ*	*ḏ̣ā*
ʿ, ʕ, ع	*ʕayn*	*ʕēn*
ġ	*ġayn*	*ġēn*
f	*fāʔ*	*fǟ*
q	*qāf*	*qāf*
k	*kāf*	*kǟf*
l	*lām*	*lǟm*
m	*mīm*	*mīm*
n	*nūn*	*nūn*
h	*hāʔ*	*hǟ*
w	*wāw*	*wāw*
y	*yāʔ*	*yǟ*

§ 7: Verdoppelte Konsonanten

Das Arabische kennt, wie beispielsweise das Italienische auch, lange Konsonanten. Sie werden in der Transkription durch Verdopplung gekennzeichnet, etwa *ṭullāb* „Studenten", *sitte* „sechs". Doppelt geschriebene Dauerlaute, also Frikative, Laterale, Nasale, Vibranten und Sibilanten, werden einfach länger, etwa doppelt so lange wie einfach geschriebene, ausgehalten. Bei verdoppelten Verschlusslauten und Affrikaten wird der Verschluss eingangs nicht sofort geöffnet, sondern erst mit einer gewissen Verzögerung, so dass beim Hörer der Eindruck von Länge des Plosivs erzeugt wird. Die Konsonantenlänge ist phonemisch, d.h., wenn man die Aussprache zu kurz oder zu lang macht, können Wörter ihre Bedeutung wechseln. Beispiele:

ḥamām : ḥammām	„Tauben" : „Bad"
mara : marra	„Frau" : „mal"
sakan : sakkan	„wohnen" : „beherbergen"
sawa : sawwa	„zusammen" : „machen"

Verdoppelte Konsonanten, denen ein weiterer Konsonant folgt, werden nur einfach gesprochen. Wir schreiben sie aber aus Gründen der morphologischen Klarheit weiterhin doppelt. Man liest deshalb *biddi* „ich möchte" mit deutlich langem *dd*, aber *biddna* „wir wollen" mit kurzem *d*. Letzeres könnte man also auch *bidna* transkribieren, doch wir verzichten darauf, um dem Leser die einheitliche Form *bidd-* „wollen" ins Auge springen zu lassen.

Die Redepause (#) wird behandelt wie ein Konsonant. Deshalb wird ein verdoppelter Konsonant am Wortende vor einer Sprechpause nur einfach gesprochen. Man spricht also beispielsweise *biss#* „Kater" einfach *bis* ohne Längung des *s*. Auch in diesem Fall halten wir trotzdem die Doppeltschreibung aufrecht. Denn in der femininen Form *bisse* „Katze" ist *ss* lang.

§ 8: Beschreibung der Vokale

Man bedient sich in der Phonologie eines Trapezschemas, um Vokale darzustellen. Das Trapez wird allgemein beschrieben durch die idealisierten Kardinalvokale, die so in keiner Sprache der Welt alle zusammen vorkommen:

i	u	i etwa wie in „Miete“	u etwa wie in „rufen“
e	o	e etwa wie in „Beet“	o etwa wie in „Boot“
ɛ	ɔ	ɛ etwa wie in „Bär“	ɔ etwa wie in „Gott“
a	ɑ	a etwa wie ital. „mare“	ɑ etwa wie in pers. bâd „Wind“

Das Trapez symbolisiert dabei die Stellung der Zunge im Mundraum. Beim i ist der vordere Teil der Zunge maximal angehoben, beim u der hintere Teil. In Richtung a und ɑ senkt sich die Zunge immer mehr, und eine größere Öffnung für den Luftaustritt entsteht. Man nennt deshalb die Vokale, die weiter oben stehen, „geschlossen“ und die unten stehenden „offen“. Die links stehenden heißen „vordere“ Vokale, die rechts stehenden „hintere“. Die Kardinalvokale markieren lediglich die äußeren Eckpunkte, innerhalb des Trapezes können je nach Sprache überall Vokalphoneme verortet sein. Genau in der Mitte steht z.B. der aus anderen semitischen Sprachen bekannte Schwa-Laut ə. Vokale in der Mitte des Trapezes heißen „zentralisiert“.

Wir merken uns: Vokale werden charakterisiert durch ihre Stellung innerhalb des Vokaltrapezes, auch Vokalviereck genannt. Man beschreibt ihre Stellung darin, indem man sie als vordere – hintere und geschlossene – offene Vokale bezeichnet.

Nach diesen allgemeinen Vorbemerkungen können wir das Vokalsystem des städtischen Palästinensisch beschreiben. Es gibt

3 (+2) Kurzvokale und 5 Langvokale

i			*u*	*ī*			*ū*
	(e)	*(o)*			*ē*	*ō*	
		a				*ā*	

e und *o* sind auf ganz bestimmte Funktionen am Wortende reduziert, so dass man sie nicht als vollwertige Phoneme betrachten kann. *e* ist eine kontextabhängige Variante der Femininendung *-a*, und *o* ist das Personalsuffix der 3. Person mask. Sg.

Da es nur wenige Vokale gibt, haben sie eine recht große Streuungsbreite. Genauer müsste man eigentlich Kreise um die Vokalphoneme ziehen, innerhalb derer Realisationen des Phonems möglich sind. Wir hatten ja beispielsweise bereits erwähnt, dass langes *ā* in nichtemphatischer Umgebung sehr hell artikuliert werden kann, so dass es in unseren Ohren wie deutsches langes „ä" klingt. Man nennt diese Hebung des *ā* in Richtung von *ī* „Imala" (wörtl. „Neigung, Beugung"). In einigen wenigen Wörtern kann die palästinensische Imala sogar bis *ē* gehen. So sprechen etwa manche *sāʕa* „Stunde" nicht nur als *sǟʕa,* sondern sogar *sēʕa.* In anderen Dialektlandschaften findet sich gar eine Imala bis zu *ī.* Dasselbe Phänomen der Imala tritt in deutlich abgeschwächter Form auch bei Kurzvokal *a* auf, doch geht sie dort nicht so weit und ist deshalb weniger deutlich hörbar. Man beachte in diesem Zusammenhang, dass die Vokallänge phonemisch ist, man unterscheide etwa *zaki* „klug" und *zāki* „lecker".

Das Palästinensische hat insgesamt 8 Vokalphoneme. Zum Vergleich: Deutsch hat ca. 17, Englisch 12 Vokale. Wie alle semitischen Sprachen hat das Palästinensisch-Arabische ein relativ geringes Vokalphoneminventar.

§ 9: Diphthonge

Diphthonge (Zwielaute) sind das vokalische Gegenstück zu den konsonantischen Affrikaten: Zwei Vokale gehen eine so enge Einheit ein, dass man sie als ein Phonem betrachten kann. In den meisten arabischen Dialekten gibt es derer zwei: *aw* und *ay.* So auch im Palästinensisch-Arabischen, wiewohl man sie da gerne in Klammern setzen möchte, da sie auf wenige Formen beschränkt sind. Am häufigsten in der Kombination *–aww–* und *–ayy–.* Im älteren Arabisch kamen diese beiden Diphthonge noch häufiger vor, jedoch wurden sie im Palästinensisch-Arabischen, von den erwähnten Ausnahmen abgesehen, zu den Langvokalen *ō* und *ē* monophthongisiert: *aw* > *ō, ay* > *ē.* Die beiden Langvokale hatte es zuvor nicht gegeben, sie sind erst durch diesen Prozess entstanden. Beispielsweise wurde **yawm* > *yōm* „Tag" und **bayt* > *bēt* „Haus".

Zum Vergleich: Deutsch hat drei Diphthonge („eu, ei, au"), Englisch hat zehn Diphthonge.

§ 10: Hilfsvokale (siehe auch § 59)

Die meisten Araber haben ein Problem mit der Aussprache von Konsonantenclustern. Treffen mehr als zwei Konsonanten aufeinander –KKK–, so erleichtert sich der Araber oft die Aussprache, indem er einen Hilfsvokal einschiebt, der den Cluster aufsprengt. Der Hilfsvokal besitzt keine etymologische Rechtfertigung, sondern ist eine spontane lautliche Hinzufügung zur Ausspracheerleichterung. Wo er eingeschoben wird und welche Qualität er hat, ist je nach Region unterschiedlich. Palästinenser schieben den Hilfsvokal vor den zweiten Konsonanten von hinten her gerechnet ein: –K^{i}KK–. Meist hat er die Qualität von ^{i}. Ist ein *u* oder ein emphatischer Konsonant im Wort, so kann er auch ^{u} lauten. Beispiele: *bilbsu* heißt „sie ziehen an", der Cluster *lbs* im Wortinnern wird aufgesprengt zu *bil^{i}bsu. buktbu* heißt „sie schreiben" und wird aufgesprengt zu *buk^{u}tbu.* Wieder gilt, dass die Sprechpause (#) als Konsonant gewertet wird. Endet ein Wort auf zwei Konsonanten und folgt anschließend eine Sprechpause – KK#, so liegt ein Cluster vor, der nach obiger Regel aufgesprengt werden kann: –K^{i}K#. Beispiele: *bint* „Mädchen" wird vor Redepause gerne *bin^{i}t* ausgesprochen, *kalb* „Hund" *kal^{i}b,* „Betlehem" hört sich gewöhnlich *Bētlaḥ^{i}m* an. Dasselbe gilt, wenn die Sprechpause vor dem Wort ist: #KK- wird aufgelöst durch #^{i}KK, etwa der Name *Brāhīm* zu *^{i}Brahīm, mbāriḥ* „gestern" zu *^{i}mbāriḥ.* Mit anderen Worten: Doppelkonsonanz im Auslaut wird gerne durch einen Hilfsvokal getrennt, und einer Doppelkonsonanz im Anlaut wird gerne ein Hilfsvokal vorangestellt.

Die Hilfsvokale sind wohlgemerkt fakultativ, der Sprecher kann einen Hilfsvokal einfügen, muss es aber nicht. Im Palästinensischen ist jedenfalls zu beobachten, dass gerne durch Hilfsvokal aufgesprengt wird. Manche Cluster jedoch scheinen einfacher auszusprechen zu sein als andere und werden deshalb meist nicht aufgelöst, etwa wenn der erste Konsonant ein Sibilant und der zweite ein Verschlusslaut an etwa derselben Stelle ist: Der Cluster in *bištġil* „er arbeitet" wird beispielsweise praktisch nie aufgelöst.

Das Deutsche ist dafür bekannt, dass seinen Sprechern Konsonantencluster keinerlei Probleme bereiten. Man höre sich etwa folgende Worte an: Sprache, Rechtsstreit, entsprechend, Angstschweiß. Palästinensern, die Deutsch lernen, machen solche Konsonantenhäufungen große Schwierigkeiten, und sie lösen sie deshalb nach altbewährtem Muster auch gerne auf: Einst fuhr ich mit einem Palästinenser zusammen nach „Nür^{i}nberg".

LEKTION 5 / *id-dars il-xāmis*

Morphologie und Syntax

§ 11: Der Artikel

Der Artikel lautet für alle Genera, Numeri und Kasus stets *il-*. Dabei ist das anlautende *i* ein Hilfsvokal. Wir stellen ihn in diesem Falle aber nicht hoch, damit das Schriftbild nicht zu unruhig wird. Der Artikel heißt also genauer lediglich *l-*. Da jedes Wort konsonantisch anlautet, beginnt ein Wort mit Artikel sogar mit Doppelkonsonanz, daher die Notwendigkeit zum Hilfsvokal. Endet das vorhergehende Wort vokalisch und wird mit Liaison gesprochen, so entfällt der Hilfsvokal natürlich: *banu l-bēt* „sie bauten das Haus“. Beginnt ein Wort mit Doppelkonsonanz, so steht normalerweise ein Hilfsvokal davor. Dann entfällt ebenfalls die Notwendigkeit zum *i* des Artikels: *l-^{i}ḥmār* „der Esel“, *l-^{i}ktāb* „das Buch“, *l-^{i}blād* „die Orte“.

Das Palästinensisch-Arabische hat, wie das Hocharabische auch, keinen unbestimmten Artikel. Artikellose Formen sind indeterminiert: *bēt* „ein Haus“, *mara* „eine Frau“. Im Deutschen haben wir nicht nur zwei, sondern drei Möglichkeiten des Determinationsstatus: Wir unterscheiden determinierte Formen, die mit dem bestimmten Artikel versehen sind („das Haus“), indeterminierte Formen, die mit dem unbestimmten Artikel versehen sind („ein Haus“) und Abstrakta oder Gattungsbegriffe, die in allgemeinen Aussagen gar keinen Artikel haben („Häuser haben Fenster“, „Lehrer ist ein schöner Beruf“, „Frauen sind klüger als Männer“). Somit stellt sich die Frage, wie deutsche artikellose Formen im Arabischen wiedergegeben werden? Sie stehen meist mit Artikel, das bedeutet insbesondere, dass der arabische Artikel nicht so stark determiniert wie der deutsche. Beispiele: *il-mōz ^{i}rxīṣ* „Bananen sind billig“, *in-niswān ašṭar* „Frauen sind tüchtiger“.

Der Artikel assimiliert sich an die sogenannten „Sonnenbuchstaben“ *t ǧ d r z s š ṣ ḍ ṭ l n: it-talfizyōn* „das Fernsehen“, *iǧ-ǧāmʕa* „die Universität“, *id-dinya* „die Welt“, *ir-rās* „der Kopf“, *iz-zalame* „der Mann“, *is-sitt* „die Großmutter“, *iš-šams* „die Sonne“, *iṣ-ṣēf* „der Sommer“, *iḍ-ḍēf* „der Gast“, *iṭ-ṭālib* „der Student“, *il-luġa* „die Sprache“, *in-nās* „die Leute“. Der Name Sonnenbuchstaben rührt daher, dass das Wort *šams* „Sonne“ mit einem solchen beginnt. Die Konsonanten, an die sich der Artikel nicht assimiliert, heißen „Mondbuchstaben“ *ʔ b ḥ x ʕ ġ f q k m h w y: il-ustāz* „der Lehrer“, *il-bint* „das Mädchen“, *il-ḥāl* „das Befinden“, *il-xāl* „der Onkel mütterlicherseits“, *il-ʕēn* „das Auge“, *il-ġurfe* „das Zimmer“, *il-filⁱm* „der Film“, *il-qamar* „der Mond“, *il-kalb* „der Hund“, *il-maktab* „das Büro“, *il-hishis* „die Schnaken“, *il-walad* „der Knabe“, *il-yōm* „der Tag“. Das Wort *qamar* „Mond“ beginnt mit einem Mondbuchstaben. Linguistisch unterscheiden sich die beiden Konsonantengruppen dadurch, dass bei der Erzeugung der Sonnenbuchstaben die Vorderzunge beteiligt ist, während sie bei den Mondbuchstaben völlig unbeteiligt im Mund liegen bleibt. Im Unterschied zum Dialekt ist im Hocharabischen *ǧ* ein Mondbuchstabe, obwohl in der Standardlautung als stimmhafte Affrikate *dž* die Vorderzunge beteiligt ist. Dies ist ein Hinweis darauf, dass zur Zeit, als die Schreibung des Hocharabischen normiert wurde, dieser Laut anders als heute ausgesprochen worden ist, die Vorderzunge war damals vermutlich an seiner Artikulation nicht beteiligt. Hocharabisch gebildete Sprecher unterdrücken häufig die Assimilation des *ǧ*, sie sagen also etwa *il-ǧāǧe* „das Huhn“ statt dialektal häufigerem *iǧ-ǧāǧe*.

Beginnt ein Wort mit Doppelkonsonanz und ist der erste Konsonant ein Sonnenbuchstabe, so könnte nach oben Gesagtem die Form mit Artikel ohne Assimilation beispielsweise lauten: *l-ⁱzġīr* „der Kleine“. Solche Formen kommen tatsächlich vor, aber sie sind selten, häufiger hört man die Aussprache mit Assimilation *iz-zġīr*. Hier hat man nun aber am Wortanfang einen Doppelkonsonanten *zz* gefolgt von einem weiteren Konsonanten *ġ*. Der Doppelkonsonant wird nur einfach gesprochen und die Form mit Artikel unterscheidet sich damit in der Aussprache in nichts mehr von der artikellosen Form *ⁱzġīr*. Der Kontext klärt in der Regel, ob „ein Kleiner“ oder „der Kleine“ gemeint ist.

Viele Eigennamen, beispielsweise von Personen oder Ländern, haben keinen Artikel und können auch keinen annehmen. Sie gelten per se als determiniert und werden grammatikalisch auch so behandelt, als hätten sie einen Artikel.

Beispiele: *Mḥammad* „Mohammed“, *Falasṭīn* „Palästina“, *Nāblis* „Nablus“. Wir schreiben zu ihrer besseren Kenntlichmachung Eigennamen auch in der Transkription mit großen Anfangsbuchstaben. Manche Länder oder Ortsnamen haben aber auch einen Artikel, etwa *l-ⁱKwēt* „Kuweit“, *il-Xalīl* „Hebron“, *il-Lidd* „Lydda“.

Zur Schreibkonvention: Präpositionen, dic nur aus zwei Buchstaben bestehen, werden mit dem Artikel zusammengeschrieben. Für *fī* „in“ schreiben wir beispielsweise statt *fī l-bēt* kürzer *fil-bēt* „im Haus“, entsprechend *fis-sūq* „im Suq“.

§ 12: **Die Genera** (siehe auch § 27)

Das Arabische unterscheidet zwischen einem Maskulinum und einem Femininum, ein Neutrum gibt es nicht. Die meisten Maskulina enden auf Konsonant während das Kennzeichen der meisten Feminina die vokalische Endung *-a* oder *-e* ist. Dabei sind *-a* / *-e* stellungsbedingte Allophone: Nach einem hinteren oder einem emphatischen Konsonanten steht *-a*, nach vorderen, nichtemphatischen Konsonanten steht *-e*. *k* ist der letzte Konsonant nach dem die Femininendung *-e* lautet, alles was weiter hinten im Mund oder Rachen artikuliert wird hat *-a*. Beispiele von maskulinen Nomen: *bēt* „Haus“, *rās* „Kopf“, *maktab* „Büro“. Beispiele von femininen Nomen: *luġa* „Sprache“, *samake* „Fisch“, *ǧāmʕa* „Universität“, *ġurfe* „Zimmer“, *madrase* „Schule“.

Da das Phonem /r/ in einer emphatischen und in einer nichtemphatischen Variante existiert, kommen beide Formen der Femininendung nach /r/ vor: *ibre* „Nadel, Spritze“, *ǧāra* „Nachbarin“. An der Art der Femininendung kann man also erkennen, ob das vorangehende *r* emphatisch ist oder nicht.

Lebewesen, die in beiden Geschlechtern auftreten und als solche unterschieden werden, können auch grammatikalisch in beiden Geschlechtern vorkommen: *biss* „Kater“ — *bisse* „Katze“, *ḥmār* „Esel“ — *ḥmāra* „Eselin“.

Leider stimmt unsere einfache Regel zur Unterscheidung von Maskulina und Feminina entsprechend ihrer Endung nicht immer. Es gibt eine ganze Reihe von grammatikalischen Feminina, die keine Femininendung haben, etwa *bint* „Mädchen“, *umm* „Mutter“, *Falasṭīn* „Palästina“, *šams* „Sonne“, *ʕēn* „Auge“. Genaueres dazu erfahren wir weiter unten in § 27 „Genera II“. Ebenso gibt es umgekehrt eine kleine Zahl von Wörtern, die eine Femininendung tragen, aber grammatikalisch maskulin sind. Dazu gehört z.B. *zalame* „Mann“. Das ist weniger kurios, als es zunächst den Anschein hat, sind doch im Deutschen „Weib“ und „Mädchen“ auch nicht, wie es eigentlich zu erwarten wäre, grammatikalisch feminin, sondern Neutra.

Einige Feminina tragen die Endung *-a,* obwohl sie gemäß obiger Definition eigentlich *-e* haben sollten, dazu gehören beispielsweise *dinya* oder *dunya* „Welt“, *kafitērya* „Cafeteria“ und zahlreiche Ortsnamen, wie *Amērka* oder *Amrīka* „Amerika“ und *Ḥēfa* „Haifa“. Ebenso gibt es eine Reihe von Wörtern, die auf *-a* enden, aber maskulin sind: *šita* „Regen“, *hawa* „Luft“, *ʕaša* „Abendessen“, *maʕna* „Bedeutung“.

All diese seltenen Ausnahmen darf man nicht überbewerten. Die Grundregel des Vorhandenseins einer Femininendung *-a* / *-e* bzw. ihr Fehlen bei Maskulina beschreibt das Genus eines Wortes recht gut. Auf Ausnahmen weisen die Wörterbücher meist ausdrücklich hin.

§ 13: **Kongruenz des Adjektivs** (siehe auch § 53)

Da es nur einen Artikel gibt, scheint das Problem des grammatikalischen Geschlechts zunächst nicht so wichtig: Man setzt doch einfach überall *il-* davor und muss sich nicht den Kopf zerbrechen, ob es „der“, „die“ oder „das“ heißt. Das grammatikalische Geschlecht ist aber dennoch von Bedeutung, weil nämlich Adjektive, die als Attribut oder als Prädikat zu einem Nomen gestellt werden, grammatikalisch mit diesem kongruieren, also eine Femininendung haben, wenn sie sich auf ein feminines Nomen beziehen und keine Femininendung haben, wenn das Nomen maskulin ist. Das attributive Adjektiv wird nachgestellt: *bēt* ^{i}*kbīr* „ein großes Haus“ aber *ǧāmʕa kbīre* „eine große Universität“, ebenso *biss* ^{i}*zġīr* „ein kleiner Kater“ und *bisse zġīre* „eine kleine Katze“. Ist das Nomen determiniert, so erhält das attributive Adjektiv ebenfalls den Artikel: *il-bēt l-*^{i}*kbīr* das große Haus“, *il-madrase l-*^{i}*kbīre* „die große Schule“, *il-biss iz-zġīr* „der kleine Kater“, *il-bisse z-zġīre* „die kleine Katze“. In ähnlicher Weise kongruieren Personalpronomen und Verben mit dem Genus des Nomens, auf das sie sich beziehen. Zur Kongruenz später mehr (siehe § 53 Kongruenz des Adjektivs II).

§ 14: Nominalsätze

In Sätzen mit nominalem Prädikat, die sich auf die Gegenwart beziehen, gibt es keine dem deutschen „ist“ entsprechende Kopula: *iz-zalame ṭālib* „der Mann (ist) ein Student“, *il-mara ṭālbe* „die Frau (ist) eine Studentin“, *il-bēt ^{i}kbīr* „das Haus (ist) groß“, *^{i}Brahīm hōn* „Ibrahim (ist) hier“, *ismi Mḥammad* „mein Name (ist) Mḥammad“, *il-ustāz mašġūl* „der Lehrer (ist) beschäftigt“. Für die Vergangenheit dient das Verb *kān* als Kopula „war“. Wir werden es später genauer kennenlernen.

Man beachte die Unterschiede:

bēt ^{i}kbīr	„ein großes Haus“
il-bēt ^{i}kbīr	„das Haus ist groß“
il-bēt l-^{i}kbīr	„das große Haus“
bint ^{i}zġīre	„ein kleines Mädchen“
il-bint ^{i}zġīre	„das Mädchen ist klein“
il-bint iz-zġīre	„das kleine Mädchen“
ṭālbe šāṭra	„eine tüchtige Studentin“
iṭ-ṭālbe šāṭra	„die Studentin ist tüchtig“
iṭ-ṭālbe š-šāṭra.	„die tüchtige Studentin“

LEKTION 6 / *id-dars is-sādis*

§ 15: Personalpronomen (siehe auch § 32 und § 38)

Wir listen die Formen nicht in der gewohnten deutschen Reihenfolge 1.–2.–3. Person auf, sondern umgekehrt 3.–2.–1. Person. Der Grund dafür ist, dass beim Verb die 3. Person die einfachere ist und wir sie deshalb an den Anfang stellen wollen.

		Selbstständig		Suffigiert am Nomen	
Sg.	3. m.	*hū, huwwe*	„er“	*bēto*	„sein Haus“
	f.	*hī, hiyye*	„sie“	*bētha*	„ihr Haus“
	2. m.	*inte*	„du (m.)“	*bētak*	„dein (m.) Haus“
	f.	*inti*	„du (f.)“	*bētik*	„dein (f.) Haus“
	1. c.	*ana*	„ich“	*bēti*	„mein Haus“
Pl.	3. c.	*humme*	„sie“	*bēthum*	„ihr Haus“
	2. c.	*intu*	„ihr“	*bētku(m)*	„euer Haus“
	1. c.	*iḥna*	„wir“	*bētna*	„unser Haus“

Während im Singular in der 3. und 2. Person zwischen Maskulinum (m.) und Femininum (f.) unterschieden wird, gibt es im Plural im städtischen Palästinensisch jeweils eine gemeinsame Form (c. = communis). Einige Städter benutzen für die 3. Pl. *hinne* statt *humme* und für die 1. Pl. *niḥna* statt *iḥna.* Die oben genannten Formen sind aber weiter verbreitet.

In der 2. Person Plural des suffigierten Personalpronomens existieren zwei regionale Dialektvarianten *-ku* und *-kum.* Beide sind weit verbreitet.

Die suffigierten Personalpronomen werden auch „Possessivpronomen“ genannt, da sie Besitz ausdrücken können oder „Genitivpronomen“ weil sie die Genitivform des Personalpronomens darstellen (das Haus des XY).

Übung 1: Hängen Sie Personalpronomen an folgende Nomina an: *bint* „Mädchen, Tochter“, *ktāb* „Buch“, *qalam* „Schreibstift“, *rās* „Kopf“, *ustāz* „Lehrer“, *ǧār* „Nachbar“, *maktab* „Büro“, *muftāḥ* „Schlüssel“.

Übung 2: *ḥāl* ist das „Befinden". *kīf ḥālak* heißt wörtlich „wie ist dein Befinden?", also freier „wie geht es dir?". Bilden Sie die anderen Formen „wie geht es ihm?", „wie geht es ihr?" usw.

Übung 3: *bidd-* verbunden mit suffigiertem Personalpronomen steht für „wollen, möchten, werden". Bilden Sie die Formen „er will", „sie will" usw.

Übung 4: Auch an *wēn* „wo" können suffigierte Personalpronomen angehängt werden. Bilden Sie „wo ist er", „wo ist sie" usw.

§ 16: Demonstrativpronomen

	Nähere Deixis		Fernere Deixis	
Sg. m.	*hāda*	„dieser"	*hādāk(a)*	„jener"
f.	*hādi*	„diese"	*hādīk(e)*	„jene"
Pl. c.	*hādōl(a)*	„diese"	*hādōlāk(a)*	„jene"

Die eingeklammerten Formen sind frei wählbare Varianten, kommen aber seltener vor.

Attributiv steht das Demonstrativpronomen vor dem durch den Artikel determinierten Nomen: *hāda l-yōm* „dieser Tag", *hādi l-bisse* „diese Katze", *hādōl iz-zlām* „diese Männer". Gerne und vielleicht sogar häufiger wird es aber nachgestellt: *il-walad hāda* „dieser Knabe", *il-bint hādi* „dieses Mädchen", *in-niswān hādōl(a)* „diese Frauen". *hāda l-, hādi l-* und *hādōl il-* kann zusammengezogen werden zu *hal-: hal-yōm* „dieser Tag", *hal-bisse* „diese Katze", *haz-zlām* „diese Männer".

Prädikativ steht das Demonstrativpronomen meist vorne: *hāda bēt* „dies ist ein Haus", *hādi sayyāra* „das ist ein Auto", *hādōl ǧawāhir* „das sind Juwelen". Vor einem determinierten Prädikat kann zur Vermeidung von Missverständnissen das Personalpronomen als Trenner in der Funktion von „ist" eingeschoben werden: *hāda (i)l-bēt* ~ *hāda hū (i)l-bēt* „das ist das Haus".

§ 17: Interrogativpronomen

Die wichtigsten Interrogativpronomen lauten:

mīn „wer"
anū́ (mask.), *anī́* (fem.), *anumme* (Pl. com.) „welche(r)" (meist wenn nach Personen gefragt wird)
ayya oder nur *ayy* „welche(r)" (meist wenn nach Sachen gefragt wird)
šū, *ēš* „was".

Beispiele:	*mīn hāda?*	„wer ist der?"
	anū zalame	„welcher Mann?"
	anū ṭālbak	„welcher ist dein Student?"
	anī bint	„welches Mädchen?"
	ayy(a) sayyāra	„welches Auto?"
	ayy(a) ktāb	„welches Buch?"
	ayy(a) sāʕa	„um wieviel Uhr?"
	šū / ēš biddak	„was möchtest du?"
	ēš / šū ṣār	„was geschah?"

Sprachgeschichtlich neueres *šū* und älteres *ēš* existieren friedlich nebeneinander und werden völlig gleichbedeutend benutzt.

§ 18: Demonstrativadverbien

lokal	*hōn* „hier",	*hunāk* „dort"
temporal	*hallaq* „jetzt",	*il-yōm* „heute", *mbāriḥ* „gestern", *bukra* „morgen"
modal	*hēk* „so".	

„von hier" heißt *min hōn*, „hierher" *la hōn*, analog *min hunāk* „dorther", *la hunāk* „dorthin".

Regionale Varianten von *hallaq* „jetzt" sind *hal-waqt*, *halqēt* oder *issa*.

„so und so" wird durch Wiederholung des Adverbs gebildet: *hēk hēk* oder *hēk hēk hēk*.

§ 19: Interrogativadverbien

kīf	„wie?“		
wēn	„wo?“	*(la) wēn* „wohin?“	*min wēn* „woher?“
ēmta	„wann?“		
lēš	„warum?“		
qaddēš	„wieviel?“ (ohne direkte Anfügung des Gezählten)		
kam	„wieviel?“ (vor Gezähltem, das im Singular folgen muss)		
bakam, ᵊb-qaddēš, bēš	„wieviel?“ (bei Frage nach dem Preis einer Sache).		

„wohin“ heißt sowohl *la wēn,* als auch nur *wēn.*
wēnta ist eine regionale Variante zu *ēmta* „wann?“
kam „wieviel?“ hat noch die regionalen Varianten *ákam* und *akámm.*
Fragt man nach Geld, so kann „wieviel“ auch durch *bēš* = *ᵊb-ʔēš* wörtl. „um was“ ausgedrückt werden.

Beispiele:

> *kīf ḥālak* „wie geht es dir?“
> *wēn rāyiḥ* „wohin gehst du?“
> *ēmta ǧīt* „wann kamst du?“
> *lēš mustaʕǧil* „warum so eilig?“
> *qaddēš biddak* „wieviel möchtest du?“
> *kam walad* „wieviele Knaben/Kinder?“
> *kam bint* „wieviele Mädchen/Töchter?“
> *bakam id-Dīnār il-yōm* „wie steht der Dinar heute?“

LEKTION 7 / *id-dars is-sābiʕ*

§ 20: Präpositionen

Im Folgenden eine Aufzählung der wichtigsten Präpositionen. Die Bedeutung kann dabei nur grob umrissen werden. In Verbindung mit Verben muss oft das Wörterbuch zu Rate gezogen werden, da Präpositionen oft lexikalisch fest mit bestimmten Verben verknüpft sind.

ʕala, ʕa	„nach, hin zu, auf, über“
fi, b-	„in“
bēn	„zwischen“
fōq	„auf“
taḥt	„unter“
ǧamb	„neben“
qbāl	„gegenüber“
ǧuwwa	„innerhalb, im Innern von“
barra	„außerhalb“
quddām	„vor“ (meist räumlich)
qabl	„vor“ (meist zeitlich)
baʕd	„nach“ (meist zeitlich)
wara	„hinter“
(fi) waṣṭ	„mitten, inmitten“
zayy, mitl	„wie“
ʕan	„von, über, nach“
min	„von, aus, wegen“
la	„nach, hin, für, bis“
badāl, badal	„an Stelle von, statt, anstatt“
ʕind	„bei“
maʕ	„zusammen mit“.

Beispiele:

ʕala l-bēt = *ʕal-bēt* „zum Haus“
fil-balad „im Dorf“

ⁱb-Rāmaḷḷa „in Ramallah“
bēn in-nās „zwischen/unter den Menschen“
min fōq „von oben“
taḥt saǧara „unter einem Baum“
ǧamb bēti „neben meinem Haus“
qbāl il-ōtēl „gegenüber vom Hotel“
ǧuwwa l-ōḍa „im Innern des Zimmers“
barra! „raus (mit dir)!“
quddāmha „vor ihr“
qabl il-ʕīd „vor dem Feiertag“
baʕd il-ḥafle „nach dem Fest“
la wara „nach hinten“
(fi) waṣṭ is-sāḥa „in der Mitte des Platzes“
zayy / mitl ustāz „wie ein Lehrer“
saʔal ʕan id-dār „er fragte nach dem Anwesen“
ana min Alṃānya „ich bin aus Deutschland“
rūḥ la hunāk „geh dorthin“
lan-nās „den Menschen“
badāl marra marrtēn „statt einmal zweimal“
ʕind id-dukkān „beim Laden“
maʕ il-banāt „zusammen mit den Mädchen“.

Beachten Sie insbesondere den Unterschied:

ʕindi ktāb „ich besitze ein Buch“ (wörtl. „bei mir ist ein Buch“)
maʕi ktāb „ich habe ein Buch dabei“ (wörtl. „zusammen mit mir ist ein Buch“).

§ 21: Der Plural

Das Arabische unterscheidet zwei Arten der Pluralbildung:

1. Der regelmäßige Plural, auch gesunder Plural oder Flexionsplural genannt. Er wird gebildet durch Anhängen der Pluralendung *-īn* an Maskulina und *-āt* an Feminina:

mʕallim „Lehrer, Meister“ / Pl. *mʕallmīn*
mʕallme „Lehrerin“ / Pl. *mʕallmāt*

šāṭir „tüchtig (mask.)“ / Pl. *šāṭrīn*
šāṭra „tüchtig (fem.)“ / Pl. *šāṭrāt.*

Leider sind solche regelmäßig gebildeten Formen beim Nomen nicht so häufig anzutreffen wie

2. der unregelmäßige Plural, auch gebrochener oder lexikalischer Plural genannt. Dieser Plural wird regellos gebildet, man muss zu jedem Nomen die Pluralform mitlernen oder im Wörterbuch nachschlagen. Beispiele:

bēt / byūt	„Haus“
bint / banāt	„Mädchen, Tochter“
zalame / zlām	„Mann“
ktāb / kutub	„Buch“
ǧār / ǧīrān	„Nachbar“ (aber: *ǧāra / ǧārāt* „Nachbarin“)
rās / rūs	„Kopf“
maktab / makātib	„Büro“
muftāḥ / mafātīḥ	„Schlüssel“
ṣāḥib / ṣḥāb	„Freund; Besitzer“
maṭʕam / maṭāʕim	„Restaurant“
umm (imm) / ummahāt, ummayāt	„Mutter“
abu, ab / abbahāt, abbayāt, abwe, ubwe	„Vater“
axu, ax / ixwe, uxwe	„Bruder“
uxt / xawāt	„Schwester“
ṭālib / ṭullāb	„Student“
balad / blād	„Dorf, Stadt, Land“, Pl. auch „Gegend, Region“.

Wie man aus den Beispielen sieht, sind manchmal auch mehrere verschiedene Pluralformen in Gebrauch, oft sind die Unterschiede regional.

Adjektive bilden den Plural häufiger regelmäßig als Nomen, doch auch hier gibt es gebrochene Formen (die für Maskulinum und Femininum benutzt werden können):

kbīr / kbār „groß“
mlīḥ / mlāḥ „gut“.

LEKTION 8 / *id-dars it-tāmin*

§ 22: Wurzel und Morphemtyp

Arabische Wörter ranken sich in der Regel um drei Konsonanten, die das Grundgerüst des Wortes bilden und sein Bedeutungsfeld abstecken. Beispiel *katab* „er schrieb“, *bukᵘtbu* „sie schreiben“, *ktāb* „Buch“, *maktab* „Büro“, *maktabe* „Bibliothek, Buchhandlung“, *maktūb* „Brief“, *katb* „Schreiben“ (Verbalnomen) usw. Die drei Konsonanten heißen Wurzel(konsonanten) oder Radikale des Wortes, und man schreibt sie in Großbuchstaben: KTB ist die Wurzel aller vorgenannten Wörter. Weitere Beispiele für Wurzeln/Radikale: *zalame* ZLM „Mann“ , *qalam* QLM „Schreibstift“, *ṣāḥib* ṢḤB „Freund“, *balad* BLD „Dorf“, *biss* BSS „Katze“, *libis* LBS „anziehen“, *štaġal* ŠĠL „arbeiten“, *ḍarabna* ḌRB „wir schlugen“. All diese Beispiele sind mit Konsonanten gebildet, die als „stark“ bezeichnet werden, weil sie auch bei morphologischen Veränderungen des Wortes bzw. der Wurzel nie verschwinden. Dagegen nennt man die Halbvokale W und Y „schwach“, denn mitunter verschwinden sie oder gehen in Langvokalen auf. Dabei versteckt sich W gerne hinter *ū* oder *ō* und Y hinter *ī* oder *ē*. Beispiele: *nōm* NWM „Schlaf“, *bēt* BYT „Haus“, *kān* KWN „er war“, *rama* RMY „er warf“. Das Erkennen der zugrundeliegenden Wurzelkonsonanten ist von allergrößter Wichtigkeit, da gute arabische Wörterbücher in der Regel nach Radikalen sortiert sind.

Wie man an *maktab* KTB sieht, muss nicht jeder im Wort vorkommende Konsonant Wurzelkonsonant sein. Das *m* gehört nicht zur Wurzel, sondern ist eine morphologische Ergänzung. Ebenso ist in *štaġal* „arbeiten“ *t* eine Ergänzung zur Wurzel ŠĠL und in *ḍarabna* das *n* eine Ergänzung zu ḌRB. Wir beschreiben die Morphemtypen der Wörter, indem wir für die Wurzelkonsonanten die Platzhalter *f ʕ l* einsetzen. Beispiele:

	Morphemtyp
ṣāḥib	*fāʕil*
balad	*faʕal*
zalame	*faʕale*

maktab	*mafʕal*
zlām	*fʕāl*
kutub	*fuʕul*
byūt	*fʕūl*
ḥarām	*faʕāl*
mašġūl	*mafʕūl*
bukᵘtbu	*bufᵘʕlu*
štaġal	*ftaʕal*
ḍarabna	*faʕalna.*

Wir sagen also beispielsweise: *byūt* ist vom Morphemtyp *fʕūl.* Ebenso wichtig wie das Erkennen der Wurzel ist das Erkennen des Morphemtyps, da dieser bereits weitreichende Aussagen über den Worttyp zulässt.

§ 23: Infinitiv und Nennform des Verbs

Das Arabische besitzt keine infinite Verbform. Alle bildbaren Formen des Verbs tragen die Information der Person, der Zeit und des Modus in sich. Es gibt also kein Gegenstück zum deutschen Infinitiv „schreiben", sondern lediglich finite Formen wie „er schrieb", „wir schreiben", „sie mögen schreiben" usw. Das macht die Frage «Was heißt „schreiben" auf Arabisch?» unerwartet kompliziert. Wohl gibt es das Verbalsubstantiv „das Schreiben", aber dessen Morphemtyp ist wechselhaft und kompliziert, oft auch unvorhersehbar, so dass es als Nennform des Verbs nicht taugt. Man benutzt stattdessen im Arabischen diejenige Verbform, die am einfachsten gebildet ist, bei der keine Präfixe oder Suffixe angehängt sind. Dies ist die 3. Person mask. Sg. des Perfekts: *katab* „er schrieb". Wir benutzen also die 3. Ps. mask. Sg. Perfekt als Nennform des Verbs und sagen «*katab* heißt „schreiben"». Entsprechend sagen wir, *ḍarab* heißt „schlagen", *širib* heißt „trinken", *kān* heißt „sein", *rāḥ* heißt „gehen" und *ṣār* heißt „werden", obwohl diese Ausdrücke genauer zu übersetzen sind: „er schlug", „er trank", „er war", „er ging" und „er wurde". *katab* und *ḍarab* sind „starke Verben", weil sie von starken Wurzeln KTB und ḌRB gebildet sind, ihr Morphemtyp ist *faʕal. širib* ist ebenfalls ein starkes Verb, seine Wurzel ist ŠRB und sein Morphemtyp *fiʕil. kān, rāḥ* und *ṣār* sind schwache Verben, weil sie einen schwachen Radikal enthalten. *kān* hat die Wurzel KWN, *rāḥ* RWḤ und *ṣār* ṢYR.

Da der schwache Radikal in der Mitte steht, nennt man diese Verben „mediae infirmae“. Analog sprechen wir von Verba primae infirmae und Verba tertiae infirmae, von denen wir später Beispiele kennen lernen werden. Bei den schwachen Verben hat sich die allgemeine Beschreibung des Morphemtyps mittels *f-ʕ-l* nicht durchgesetzt, sondern man nimmt lieber ein konkretes Verb als Beispiel für den Typ. Man sagt etwa *rāḥ* ist vom Typ *kān*. Analog kann man aber auch in der Beschreibung der Verba mediae infirmae mit den Platzhaltern *f-ʕ-l* das mittlere ʕ durch langes *ā* ersetzen und vom Morphemtyp *fāl* sprechen.

§ 24: Das Perfekt

Während unser Zeitbegriff im Deutschen auf einem „vorher – jetzt – nachher“ basiert, etwa wie auf einem Zeitstrahl, ist die wesentliche Kategorie des Arabischen zur zeitlichen Beschreibung einer Handlung, ob sie „abgeschlossen“ oder noch „nicht abgeschlossen“ ist. Die beiden Zeitsysteme sind deshalb nicht völlig kongruent, auch die Bezeichnungen dafür sind es nicht. Wir nennen die Zeitstufe der abgeschlossenen Handlung „Perfekt“ und die Zeitstufe der nicht abgeschlossenen Handlung „Imperfekt“. Dem arabischen Perfekt entspricht also etwa unsere deutsche Vergangenheit und dem Imperfekt unsere Gegenwart und Zukunft. Wir beginnen mit der Beschreibung des starken Verbs im Perfekt. Wir finden dort zwei Typen, einen a-Typ *faʕal* und einen i-Typ *fiʕil*.

Starkes Verb Grundstamm		a-Typ *ḍarab* „schlagen“		i-Typ *širib* „trinken“	
Sg.	3. m.	*ḍarab*	„er schlug“	*širib*	„er trank“
	f.	*ḍarbat*	„sie schlug“	*širbit / širbat*	„sie trank“
	2. m.	*ḍarabt*	„du schlugst“	*šribt*	„du trankst“
	f.	*ḍarabti*	„du schlugst“	*šribti*	„du trankst“
	1. c.	*ḍarabt*	„ich schlug“	*šribt*	„ich trank“
Pl.	3. c.	*ḍarabu*	„sie schlugen“	*širbu*	„sie tranken“
	2. c.	*ḍarabtu*	„ihr schlugt“	*šribtu*	„ihr trankt“
	1. c.	*ḍarabna*	„wir schlugen“	*šribna*	„wir tranken“

Wie bereits beim Personalpronomen wird im Singular in der zweiten Person zwischen Maskulinum und Femininum unterschieden. Hört man einen Araber telefonieren, kann man deshalb im Unterschied zum Deutschen recht schnell entscheiden, ob der Sprecher mit einer Frau oder einem Mann telefoniert.

Beim i-Typ gibt es in der 3. Ps. fem. zwei dialektale Varianten *širbit* und *širbat*. Die erstere ist wohl etwas häufiger anzutreffen, Sie können sich deshalb beim Lernen des Paradigmas auf sie beschränken.

Übung: Lernen Sie die folgenden wichtigen Vertreter des a-Typs und des i-Typs und flektieren Sie sie im Perfekt durch: *katab* „schreiben", *qatal* „töten", *ḥamal* „hochheben, tragen", *masak* „ergreifen", *sakan* „wohnen", *ṭalab* „fordern", *ṭabax* „kochen", *fataḥ* „öffnen"; *ʕirif* „wissen", *ṭiliʕ* „weggehen, fortgehen, hochgehen", *ʕimil* „machen", *fihim* „verstehen", *libis* „anziehen", *nizil* „hinuntergehen, absteigen, aussteigen".

Die Verba mediae infirmae unterscheiden im Perfekt ebenfalls zwei Typen. Zur Wiederholung und um schnell die Person zu erkennen stellen wir im Paradigma statt der deutschen Übersetzung die selbstständigen Personalpronomen voran. Diese dienen nur als optisches Erkennungsmerkmal, in der Regel müssen sie nicht mitgenannt werden, denn die Information der Person steckt ja im Perfekt bereits im Suffix. Nur in Ausnahmefällen, wenn die Person besonders hervorgehoben werden soll, wird das Personalpronomen mit dem Verb genannt. Es kann dabei vor oder nach dem Verb stehen: *hiyye kānat* = *kānat hiyye* = *kānat* „sie war".

Mediae infirmae Grundstamm		u-Typ *kān* „sein"	i-Typ *ṣār* „werden"
Sg. 3. m.	*hū, huwwe*	*kān*	*ṣār*
f.	*hī, hiyye*	*kānat*	*ṣārat*
2. m.	*inte*	*kunt*	*ṣirt*
f.	*inti*	*kunti*	*ṣirti*
1. c.	*ana*	*kunt*	*ṣirt*
Pl. 3. c.	*humme*	*kānu*	*ṣāru*
2. c.	*intu*	*kuntu*	*ṣirtu*
1. c.	*iḥna*	*kunna*	*ṣirna*

In den Fällen, in denen auf den Langvokal *ā* zwei Konsonanten folgen, wird er gekürzt und lautet im u-Typ zu *u*, im i-Typ zu *i* um. In der Mitte schwache

Verben sind keine exotischen Ausnahmen, sondern kommen außerordentlich häufig vor, wie sie an den zahlreichen Beispielen gängiger Verben in den folgenden Übungen sehen.

Übung 1: Lernen und flektieren Sie die folgenden wichtigen Vertreter des u-Typs im Perfekt: *rāḥ* „gehen", *šāf* „sehen", *qāl* „sagen", *zār* „besuchen", *māt* „sterben", *fāt* „eintreten", *qām* „stehen, aufstehen, beginnen etw. zu tun".

Übung 2: Lernen und flektieren Sie die folgenden wichtigen Vertreter des i-Typs im Perfekt: *ǧāb* „bringen", *bāʕ* „verkaufen", *ṭāb* „genesen", *qām* „hochheben, aufrichten", *nām* „schlafen", *xāf* „sich fürchten".

Bemerkung zu den Übungsbeispielen: Das Verb *qām* existiert in unterschiedlichen Bedeutungen sowohl als u-Typ, als auch als i-Typ. Wo der Langvokal nicht gekürzt wird, sind die Formen gleich und die Bedeutung erschließt sich allein aus dem Kontext. Wie es zu dieser merkwürdigen Duplizität kommt, werden wir später verstehen.

LEKTION 9 / *id-dars it-tāsiʕ*

§ 25: Die Genitivverbindung

Wortzusammensetzungen wie im Deutschen, etwa „Haustür, Fensterrahmen, Wasserstand, Schifffahrtsgesellschaft, Lebensversicherung“ können im Arabischen nicht gebildet werden. Das Arabische benutzt stattdessen die Genitivverbindung: Haustür = die Tür (Leitwort) eines Hauses (abhängiger Genitiv). *bāb bēt* „eine Haustür“ — *bāb il-bēt* „die Haustür“, *ustāz madrase* „ein Schullehrer“ — *ustāz il-madrase* „der Schullehrer“. Das Leitwort einer Genitivverbindung kann niemals einen Artikel tragen, denn es wird bereits durch den nachfolgenden Genitiv determiniert. Ist der abhängige Genitiv ohne Artikel, gilt die Gesamtkonstruktion als indeterminiert, im anderen Falle als determiniert.

Der Sonderfall einer determinierten Genitivverbindung ist das Nomen mit suffigiertem Personalpronomen: *bābo* „seine Haustür“, was man wörtlich interpretieren kann als „die Tür des er“. Somit existieren drei Möglichkeiten, ein Nomen zu determinieren:

1. durch den Artikel *il-*
2. durch einen nachfolgenden Genitiv (determiniert oder indeterminiert)
3. durch ein suffigiertes Personalpronomen.

Attributive Demonstrativpronomen können nicht vor der Genitivverbindung stehen, sondern müssen nachgestellt werden: *bāb il-bēt hāda* „diese Haustür“. Vorangestellt *hāda bāb il-bēt* ist der Ausdruck allein prädikativ zu verstehen: „dies ist die Haustür“. Das attributive Demonstrativpronomen kann aber vor dem abhängigen Genitiv stehen: *bāb hāda l-bēt* „die Tür dieses Hauses“.

Adjektive können dagegen nicht zwischen Leitwort und Genitiv treten, attributive Adjektive müssen hinter die Konstruktion gestellt werden: *bāb bēt ⁱkbīr* „eine große Haustür“ oder „die Tür eines großen Hauses“, je nachdem, ob sich das Adjektiv auf die ganze Genitivverbindung bezieht oder lediglich auf den abhängigen Genitiv. Ebenso *bāb il-bēt l-ⁱkbīr* „die große Haustür“ oder „die Tür des großen Hauses“. Eindeutig ist die Zuordnung, wenn Leitwort und abhängiger Genitiv unterschiedliches Genus tragen: *maktūb il-mara l-ḥilⁱw* „der schöne Brief der Frau" — *maktūb il-mara l-ḥilwe* „der Brief der schönen Frau". Wie man bei Genusgleichheit Zweideutigkeit vermeidet, werden wir in § 62 kennenlernen, wenn wir den sogenannten „Genitivexponenten" behandeln.

Es können auch längere Genitivketten gebildet werden: *bāb bēt madrase* — *bāb bēt il-madrase* „eine/die Schulhaustür", *tōb bint malk iṣ-Ṣīn* „das Kleid der Tochter des Königs von China".

Das Leitwort einer Genitivverbindung steht im „Status Constructus". Der Status Constructus des maskulinen Nomens ist identisch mit seiner Normalform. Nicht so beim femininen Nomen. Feminine Nomen mit der Endung *-a/-e* lauten im Constructus auf *-it* oder einfach *-t*, selten auf *-at*. *-at* tritt nur auf, wenn die vorletzte Silbe des Worts vom Typ *Ka* = Konsonant + kurzes *a* ist. Beispiele: *sayyāra* „Auto" *sayyārit zalame* „das Auto eines Mannes", *sayyārt iz-zalame* „das Auto des Mannes", *sayyārto* „sein Auto", *sayyārítha* „ihr Auto"; *ǧāmʕit madīne* „die Universität einer Stadt", *ǧāmⁱʕt il-madīne* „die Universität der Stadt", *ǧāmⁱʕto* „seine Universität", *ǧāmʕítha* „ihre Universität", *ġurfit bēt* „das Zimmer eines Hauses", *ġurft il-bēt* „das Zimmer des Hauses", *ġurfto* „sein Zimmer"; *marat zalame* „die Frau eines Mannes", *marat iz-zalame* „die Frau des Mannes", *marato* „seine Frau", *maratna* „unsere Frau". Etwas undurchsichtig ist zunächst die Frage, wann die Constructus-Endung *-it* und wann lediglich *-t* lautet. Der folgende Abschnitt gibt darüber Auskunft.

§ 26: Ausfallende Kurzvokale

Wir hatten schon mehrfach das Phänomen ausfallender Kurzvokale. Der Plural zu *mʕallim* „Lehrer" heißt *mʕallmīn* und nicht *mʕallimīn*. Ebenso heißt es *sayyārit zalame* „das Auto eines Mannes" aber *sayyārt‿iz-zalame* „das Auto des Mannes" mit Constructus-Endung *-t* statt *-it*. Betrachten wir schließlich noch das Wort *ṣāḥib* „Freund": Mit dem Personalsuffix *-o* der 3. mask. Sg. lautet es *ṣāḥbo* „sein Freund", das *i* der letzten Silbe ist ausgefallen. Mit dem Suffix *-ha* der 3. fem. Sg. heißt es aber *ṣāḥíbha* „ihr Freund". Das *i* der letzten Silbe ist dabei nicht nur nicht ausgefallen, es erhält im Gegenteil sogar den Wortton.

Erst wenn wir die Regeln der Silbenbildung und des Akzents studiert haben, können wir dieses Phänomen vollständig verstehen. Bis dorthin behelfen wir uns mit der Übergangsregel:

> Endet ein Wort auf vK (Vokal Konsonant) und ist v *i* oder *u*, so verschwindet der Vokal bei Antritt eines vokalisch anlautenden Suffixes und er bleibt erhalten (und erhält sogar den Wortton) bei Antritt eines konsonantisch anlautenden Suffixes.

Ausdrücklich nicht betroffen ist der Kurzvokal *a*, der auch bei Antritt eines vokalisch anlautenden Suffixes meist erhalten bleibt, wie man etwa an der Form *marato* „seine Frau" sieht.

Mit dieser Behelfsregel lassen sich alle oben genannten Vokalausfälle erklären. Auch der auf die Contructus-Endung *-it* folgende Artikel *-il* bewirkt wie ein vokalisch anlautendes Suffix den Vokalausfall in der Constructus-Endung, wenn mit Liaison gesprochen wird: *sayyārt‿iz-zalame*. Dies gilt ganz allgemein, selbst wenn der nachfolgende Vokal lediglich ein Hilfsvokal ist: *madrasit* ^{i}*Šmit* > *madrast‿*^{i}*Šmit* „Schmidt-Schule".

§ 27: **Genera II** (Fortsetzung zu § 12)

Bei Lebewesen ist das natürliche Geschlecht stets auch das grammatikalische, also ist *zalame* maskulin, obwohl das Wort eine Femininendung hat, und *umm* feminin, obwohl eine solche fehlt. Dasselbe gilt für zahlreiche weiter weibliche Bezeichnungen, wie etwa *ʕarūs* „Braut" und *ʕağūz* „Greisin". Daneben gibt es noch eine ganze Reihe weiterer Wörter, die als Feminina konstruiert werden, obwohl sie oft keine Femininendung tragen. Dazu gehören z.B. alle Namen von Orten und Ländern, wie *Bērūt, Falaṣṭīn.* Auch abstrakte Ortsbezeichnungen wie *balad* „Dorf, Stadt, Land". Weiterhin elementare Dinge des menschlichen Daseins wie *šams* „Sonne", *dār* „Anwesen, Haus, Familie", *arḍ* „Erde", *nār* „Feuer", *nafs* „Selbst, Wesen", *ṭarīq* „Weg", *mayy(e)* „Wasser", *ʕēn* „Quelle", *ḥarb* „Krieg", manchmal auch *bīr* „Zisterne". Schließlich die folgenden, paarweise vorhandenen Körperteile: *iğr* = *riğl* „Fuß, Bein", *īd* = *ēd* „Hand, Arm", *dān* „Ohr", *ʕēn* „Auge". Man beachte: Nicht alle paarweise vorhandenen Körperteile sind feminin, so sind etwa *kitf* „Schulter" und *bizz* „weibliche Brust" maskulin.

§ 28: Kürzung von Langvokalen im Vorton

Langvokale im Vorton werden in der Aussprache mehr oder weniger gekürzt. Enthält ein Wort beispielsweise mehrere Langvokale, so wird der letzte betont und die vorhergehenden kurz ausgesprochen. Beispiele: *mafātīḥ* „Schlüssel (Pl.)", sprich *mafatīḥ; šāṭrīn* „tüchtig (Pl.)", sprich *šaṭrīn; ṣāḥíbna* „unser Freund", sprich *ṣaḥibna. ō* und *ē* lauten bei Kürzung in der Regel zu *u* und *i* um: *yōmēn* „zwei Tage", sprich *yumēn; bētēn* „zwei Häuser", sprich *bitēn.* Bei langsamer und deutlicher Sprechweise fällt die Kürzung weniger stark aus als in flüssiger, schneller Sprechweise. Die Autoren handhaben die Schreibung gekürzter Langvokale in der Transkription unterschiedlich. Einige schreiben sie konsequent kurz, so wie sie in flüssiger Rede phonetisch realisiert werden, andere entsprechend ihrer phonemischen Qualität stets lang. Viele haben ein gemischtes System, in dem Langvokale im Vorton manchmal kurz und manchmal lang notiert werden. Wir halten es in diesem Lehrbuch so, dass wir Langvokale gemäß ihrer phonemischen Qualität stets lang schreiben, auch wenn sie im Vorton gekürzt werden. Genauso wie wir lange (= verdoppelte) Konsonanten auch dann doppelt schreiben, wenn sie bedingt durch einen nachfolgenden weiteren Konsonanten nur kurz, also einfach ausgesprochen werden (vgl. § 7). Bezüglich der langen Vokale merken wir uns also:

Langvokale im Vorton werden in der Aussprache gekürzt.

LEKTION 10 / *id-dars il-ʕāšir*

§ 29: Der Dual

Von Nomina kann eine spezielle Zweizahl gebildet werden, die mittels der Endung *-ēn* gebildet wird: *šahrēn* „zwei Monate“, *ḥağarēn* „zwei Steine“, *bētēn* = *bitēn* „zwei Häuser“, *yōmēn* = *yumēn* „zwei Tage“, *bintēn* „zwei Mädchen“. Feminina mit Endung *-a,e* nehmen vor *-ēn* die Constructus-Form auf *-t* oder *-at* an: *madrastēn* „zwei Schulen“, *sayyārtēn* „zwei Autos“, *marrtēn* „zweimal“ zu *marra* „Mal“, *maratēn* „zwei Frauen“ zu *mara* „Frau“. *ⁱtğawwaz marrtēn maratēn* „er heiratete zweimal zwei Frauen“.

Adjektive kongruieren mit dem Dual wie mit einem Plural, es gibt also keine Dualform des Adjektivs, genausowenig des Verbs. Auch von Personalpronomen wird kein Dual gebildet.

Bei den paarweise vorhandenen Körperteilen *iğr, īd, dān* und *ʕēn,* die nach § 27 feminin konstruiert werden, dient die Dualform als Plural: *arbaʕ iğrēn* „vier Beine“, *talat īdēn* „drei Hände“, *arbaʕ dānēn* „vier Ohren“, *sitt ʕēnēn* „sechs Augen“. Dieser Plural wird mitunter auch als Pseudodual bezeichnet. Dagegen wird der echte Dual so gebildet, als hätten die Ausgangswörter eine Femininendung: *iğⁱrtēn* „zwei Beine“, *īdtēn* „zwei Arme“, *dāntēn* „zwei Ohren“, *ʕēntēn* „zwei Augen“. Merken Sie sich: *arbaʕ ʕēnēn bišūfu aktar min ʕēntēn* „vier Augen sehen mehr als zwei“.

§ 30: Kollektiva und Nomina unitatis

Der arabische Wortschatz besitzt lexikalisch festgelegt zahlreiche Kollektivbegriffe. Das Wort *tuffāh* etwa bezeichnet ganz allgemein „Äpfel“ und wird in Sätzen verwendet wie „Äpfel sind gesund“ oder „der Apfel ist ein altes Hausmittel“, also dann, wenn von keinen konkreten Äpfeln die Rede ist, sondern das Abstraktum „Apfel“ gemeint ist. Zu Kollektivbegriffen wird ein Nomen der Einheit (Nomen unitatis) durch Anhängen der Femininendung gebildet: *tuffāḥa* „ein (bestimmter) Apfel“. Ist eine konkrete Mehrzahl gemeint, so gibt es dazu noch eine Pluralform, in unserem Falle *tafāfīḥ* „(bestimmte) Äpfel“. Weitere

Beispiele:

Kollektiv	Nomen unitatis	Plural	deutsch
arnab	*arnabe*	*arānib*	„Hasen“
burtqān	*burtqāne*	*burtqānāt*	„Orangen“
barġūt	*barġūte*	*barāġīt*	„Flöhe“
baṭṭīx	*baṭṭīxa*	*baṭṭīxāt*	„Wassermelonen“
baṭṭ	*baṭṭa*	*baṭṭāt*	„Enten“
bēḍ	*bēḍa*	*bēḍāt*	„Eier“
tūt	*tūte*	*tūtāt*	„Maulbeeren“.

Bei kollektiven Personenbezeichnungen, etwa *ʕarab* „Araber“, wird das Nomen unitatis nicht durch Anhängen der Femininendung gebildet, da dies wohl zu sehr mit einer weiblichen Angehörigen dieser Personengruppe assoziiert werden könnte, sondern durch Anhängen der Nisbe-Endung *-i* (siehe folgenden Abschnitt): *ʕarabi* „ein Araber“.

§ 31: Nisbe-Adjektive

Eine häufig genutzte Möglichkeit, denominale Adjektive zu bilden, ist das Anhängen der Nisbe-Endung *-i* (*nisbe* = „Beziehung“). Die so gewonnenen Adjektive können selbst wieder als Nomen verwendet werden.
Beispiele:

Falasṭīn „Palästina“ — *falasṭīni* „palästinensisch; Palästinenser“
ʕarab „Araber“ (koll.) — *ʕarabi* „arabisch; Araber (nom. un.)“.

Dabei kann die adjektivische Funktion auch lexikalisch wieder völlig verschwinden, etwa bei:

ḥarām „Verbotenes, Sünde“ — *ḥarāmi* „Verbrecher, Dieb“.

Häufig werden diese sogenannten Nisbe-(Beziehungs-)Adjektive wie im ersten Beispiel zu Ortsbezeichnungen gebildet, etwa:

maṣri „ägyptisch; Ägypter“
xalīli „Hebron-; Einwohner von Hebron“.

Dabei kann es auch zu morphologischen Umstellungen kommen wie bei:
nābúlsi „Nablus-; Nabluser“ zu *Nāblis* (< **Nābulis* < Neopolis = Neapel).

Oder gar:

talḥami „Betlehem-; Betlehemite“ zu *Bētlaḥm.*

Ebenso häufig ist die Bildung zu kollektiven Volksbezeichnungen wie im zweiten Beispiel, etwa:

inglīzi „englisch; Engländer“
turki „türkisch, Türke“
almāni „deutsch; Deutscher“.

Weitere häufige Nisbe-Bildungen sind *baladi* „(ein)heimisch“, *madani* „städtisch; Städter“, *ġarbi* „westlich“, *šarki* „östlich“, *nūri* oder *nawari* „Zigeuner“.

Die feminine Form lautet auf *-iyye,* beispielsweise *falasṭīniyye* „palästinensisch (fem.); Palästinenserin“. Die Pluralform ist mit der Femininform identisch, also *falasṭīniyye* „palästinensisch (Pl.); Palästinenser (Pl.)“, *arbaʕ ḥarāmiyye* „vier Diebe“. Diese Pluralform wird beispielsweise auch bei *xityāriyye* „Alte“ benutzt, obwohl der Singular *xityār* (oder *ixtyār*) überhaupt keine Nisbeform ist. Manchmal tritt stattdessen auch ein gebrochener Plural auf, wie bei *talḥami* / *talāḥme* „Einwohner von Betlehem“.

§ 32: **Suffigierte Personalpronomen II** (siehe auch § 15 und § 38)

Bisher hatten wir nur die einfachste Form der suffigierten Personalpronomen kennengelernt, bei denen das Ausgangswort durch das Anhängen der Suffixe keinerlei morphologische Veränderung erfuhr. Nun wollen wir Fälle betrachten, bei denen das Ausgangswort durch den Prozess der Suffigierung modifiziert wird. Bei *ṣāḥib* „Freund“ fällt das *i* der Endsilbe aus, wenn die vokalisch anlautenden Personalsuffixe *-o, -ak, -ik* und *-i* antreten, etwa *ṣāḥbi* „mein Freund“. In der femininen Form *ṣāḥbe* ist das *i* ebenfalls ausgefallen, weil die Femininendung vokalisch ist. Treten an diese Femininendung nun Suffixe an, so taucht das ausgefallene *i* bei Antritt der vokalisch anlautenden Suffixe wieder auf, die Form sieht in dem Fall so aus, als laute die zugrundeliegende Constructus-Form **ṣāḥibit-,* wobei das letzte *i* wegen des vokalischen Suffixes ausfällt, etwa *ṣāḥibtak* „deine (m.) Freundin“.

Bisher nicht erklärt ist auch, wie die Formen mit Suffixen bei Nomen, die vokalisch enden, aussehen. Wir betrachten dazu die Beispiele *dawa* „Medizin“, *awāʕi* „Kleider" und *abu* „Vater": *dawāha* „ihre Medizin", *awāʕīna* „unsere Kleider", *abūku(m)* „euer Vater". Auslautvokale werden bei Antritt von Suffixen also lang. Genauer gesehen sind sie, abgesehen von der Femininendung, kurz realisierte Langvokale und erhalten bei Antritt von Suffixen ihre ursprüngliche Länge wieder. In der 3. Ps. mask. macht sich das Personalsuffix allein durch die Länge (und Betonung) des Auslautvokals bemerkbar. Wir haben also *dáwa* „Medizin" aber *dawā́* „seine Medizin", *ábu* „Vater" aber *abū́* „sein Vater", *awā́ʕi* „Kleider" aber *awāʕī́* „seine Kleider". Mit der ersten Person gibt es zwei Varianten, die häufigere lautet beim Beispiel *abu* „Vater" *abūy* „mein Vater", die sich am Ende anhört, als würde man mit einem Gleitlaut vom *u* zum *i* übergehen, daneben seltener *abūyi* mit einer Silbengrenze zwischen *ū* und *y*.

Schließlich werfen Dual- oder Pseudodualformen auf *-ēn* das End-*n* vor Suffix ab: *bētē* seine zwei Häuser. Die erste Person Sg. lautet eigentümlich *bētayy* oder *bētayyi* „meine zwei Häuser":

	Selbstständiges Personalronomen	Possessivpron. nach Konsonant		Possessivpr. nach Vokal	Possessivpr. an *-ēn*	Possessivpr. nach „Vater"
		ṣāḥ(i)b(e) „Freund(in)"		*dawa* „Medizin"	*iğrēn* „Füße"	*abu* „Vater"
Sg. 3. m.	*hu, huwwe*	*ṣāḥbo*	*ṣāḥibto*	*dawā*	*iğrē*	*abū*
f.	*hī, hiyye*	*ṣāḥibha*	*ṣāḥbitha*	*dawāha*	*iğrēha*	*abūha*
2. m.	*inte*	*ṣāḥbak*	*ṣāḥibtak*	*dawāk*	*iğrēk*	*abūk*
f.	*inti*	*ṣāḥbik*	*ṣāḥibtik*	*dawāki*	*iğrēki*	*abūki*
1. c.	*ana*	*ṣāḥbi*	*ṣāḥibti*	*dawāy(i)*	*iğrayy(i)*	*abūy(i)*
Pl. 3. c.	*humme*	*ṣāḥibhum*	*ṣāḥbithum*	*dawāhum*	*iğrēhum*	*abūhum*
2. c.	*intu*	*ṣāḥibku(m)*	*ṣāḥbitku(m)*	*dawāku(m)*	*iğrēku(m)*	*abūku(m)*
1. c.	*iḥna*	*ṣāḥibna*	*ṣāḥbitna*	*dawāna*	*iğrēna*	*abūna*

Auch mit Präpositionen verschmelzen die Personalpronomen oft in eigentümlicher Weise (siehe folgende Seite). *ʕala* „auf, nach" sieht mit Suffixen aus, als hätte es in der Ausgangsform eine Dualendung. *fi* „in" wird behandelt wie ein vokalisch auslautendes Nomen, in Galiläa jedoch findet sich für die Form mit der 3. mask. Sg. auch *fiyyo*. *min* „von, aus" verdoppelt vor vokalisch anlautendem Suffix sein *n*: *minno* „von ihm". Für *maʕ* „zusammen mit" existieren zwei völlig gleichwertige Serien, die zweite davon sieht aus, als laute die Ausgangsform *maʕa. Ähnlich schiebt *taḥt* „unter" vor konsonantisch anlautenden Suffixen fakultativ ein langes *ī* ein.

	ʕala „nach, auf, über"	*fi* „in"	*min* „von, aus"
Sg. 3. m.	*ʕalē*	*fī*	*minno*
f.	*ʕalēha*	*fīha*	*minha*
2. m.	*ʕalēk*	*fīk*	*minnak*
f.	*ʕalēki*	*fīki*	*minnik*
1. c.	*ʕalayy(i)*	*fiyyi*	*minni*
Pl. 3. c.	*ʕalēhum*	*fīhum*	*minhum*
2. c.	*ʕalēku(m)*	*fīku(m)*	*minku(m)*
1. c.	*ʕalēna*	*fīna*	*minna*

	maʕ „zusammen mit"	*taḥt* „unter"
Sg. 3. m.	*maʕo~maʕā*	*taḥto*
f.	*maʕha~maʕāha*	*taḥtha~taḥtīha*
2. m.	*maʕak~maʕāk*	*taḥtak*
f.	*maʕik~maʕāki*	*taḥtik*
1. c.	*maʕi~maʕāy(i)*	*taḥti*
Pl. 3. c.	*maʕhum~maʕāhum*	*taḥthum~taḥtīhum*
2. c.	*maʕku(m)~maʕāku(m)*	*taḥtku(m)~taḥtīku(m)*
1. c.	*maʕna~maʕāna*	*taḥtna~taḥtīna*

ʕan „über" wird wie *min* behandelt, also etwa *ʕanno* „über ihn". Ansonsten beachte man insbesondere bei den Präpositionen die allgemein gültige Regel:

Kurze Endvokale werden lang, sobald ein Suffix antritt.

LEKTION 11 / *id-dars il-ⁱḥdaʕš*

§ 33: Das Imperfekt

Die nicht abgeschlossene Handlung nennen wir Imperfekt. Diese Zeitstufe korrespondiert meist mit dem deutschen Präsens. Zwei Modi werden unterschieden: Indikativ und Subjunktiv. Der Subjunktiv ist der Konjunktiv des untergeordneten Satzes („dass er schreibe"). Während das Perfekt eine reine Suffixkonjugation besitzt, spielen beim Imperfekt Präfixe die wichtigere Rolle, obwohl auch Suffixe zur Unterscheidung von Genus und Numerus auftreten. Die Flexion des Subjunktivs ist morphologisch einfacher, der Indikativ leitet sich daraus ab durch Vorstellung eines Präfixes *b-*. Wir schauen uns die drei auftretenden Typen des Subjunktivs beim starken Verb an:

			masak „ergreifen" Subjunktiv *i*-Typ	*ṭabax* „kochen" Subjunktiv *u*-Typ	*ʕimil* „machen" Subjunktiv *a*-Typ
Sg.	3.	m.	*yimsik*	*yuṭbux*	*yiʕmal*
		f.	*timsik*	*tuṭbux*	*tiʕmal*
	2.	m.	*timsik*	*tuṭbux*	*tiʕmal*
		f.	*timⁱski*	*tuṭᵘbxi*	*tiʕmali*
	1.	c.	*amsik*	*aṭbux*	*aʕmal*
Pl.	3.	c.	*yimⁱsku*	*yuṭᵘbxu*	*yiʕmalu*
	2.	c.	*timⁱsku*	*tuṭᵘbxu*	*tiʕmalu*
	1.	c.	*nimsik*	*nuṭbux*	*niʕmal*

Wir nennen den Vokal zwischen dem zweiten und dem dritten Radikal den Basisvokal und sehen aus dem obigen Paradigma: Ist der Basisvokal *i* oder *a*, so lautet der Präfixvokal *i*. Ist der Basisvokal *u* so gleicht sich der Präfixvokal in einer Art Vokalharmonie an den Basisvokal *u* an. Das Kennzeichen der 3. Person Sg./Pl. ist das Präfix *y-*, der 2. Person Sg./Pl. *t-* und der 1. Person Sg. *a-* bzw. Pl. *n-*. In der 3. und 2. Person Pl. wird an die entsprechende Singularform das Suffix *-u* angehängt. Analog wird bei der 2. Person fem. an die 2. mask. ein *-i* suffigiert. Deutlich zu sehen ist dies beim *a*-Typ, da hier die Ausgangsform unverändert erhalten bleibt. Nicht so bei den *i/u*-Typen, da nach unserer Regel für den Ausfall von Kurzvokalen *i/u* der Endsilbe bei Antritt eines vokalisch anlautenden Suffixes ausfällt:

yimsik + *u* > **yimsiku* > **yimsku* > *yim*^{i}*sku.*

Analog wird **timsiki* > *tim*^{i}*ski, *timsiku* > *tim*^{i}*sku* sowie **yuṭbuxu* > *yuṭ*^{u}*bxu, *tuṭbuxu* > *tuṭ*^{u}*bxu, *tuṭbuxi* > *tuṭ*^{u}*bxi.* Durch diesen „Vokalumsprung“ wird das Paradigma uneinheitlich und schwerer zu erlernen als die hocharabische Entsprechung. Ein ähnliches Phänomen findet sich im Aramäischen, so dass man sagen kann, dass das palästinensische Arabisch in Bezug auf die Verbalflexion dem Aramäischen näher steht als dem Hocharabischen.

Die entsprechenden Formen des Imperfekt-Indikativs lauten:

Sg.	3.	m.	*bimsik*	*buṭbux*	*biʕmal*
		f.	*btimsik*	*btuṭbux*	*btiʕmal*
	2.	m.	*btimsik*	*btuṭbux*	*btiʕmal*
		f.	*btim*^{i}*ski*	*btuṭ*^{u}*bxi*	*btiʕmali*
	1.	c.	*bamsik*	*baṭbux*	*baʕmal*
Pl.	3.	c.	*bim*^{i}*sku*	*buṭ*^{u}*bxu*	*biʕmalu*
	2.	c.	*btim*^{i}*sku*	*btuṭ*^{u}*bxu*	*btiʕmalu*
	1.	c.	*mnimsik*	*mnuṭbux*	*mniʕmal*

Die Formen leiten sich aus dem Subjunktiv her durch Voranstellung von *b-*, wobei zu beachten ist, dass in der 3. Person mask. Sg. *byimsik, byuṭbux* und *byiʕmal* zu *bimsik, buṭbux* und *biʕmal* vereinfacht werden, wobei die längeren Formen aber auch gelegentlich auftreten können. In der 1. Person Pl. wird *bn-* > *mn-* , was ein spezifisches Merkmal des städtischen Palästinensisch ist, die Bauern kennen diese Assimilation nicht.

Wir haben also beim starken Verb im Perfekt zwei Typen, einen *a-* und einen *i-*Typ. Im Imperfekt drei Typen, einen *a-*, einen *i-* und einen *u*-Typ. Um ein starkes Verb vollständig zu beschreiben müssen wir angeben, zu welchem Typ es im Perfekt und im Imperfekt gehört. Wir zitieren deshalb Verben stets mit der 3. Person Sg. mask. im Perfekt und im Subjunktiv, etwa *ḍarab / yuḍrub* „schlagen“.

Folgende Kombinationen von Perfekt / Imperfekt Typen kommen vor:

(a,i)	*faʕal / yifʕil*	*masak / yimsik*	„ergreifen“
(a,u)	*faʕal / yufʕul*	*ṭabax / yuṭbux*	„kochen“
(a,a)	*faʕal / yifʕal*	*fataḥ / yiftaḥ*	„öffnen“
(i,a)	*fiʕil / yifʕal*	*širib / yišrab*	„trinken“
(i,i)	*fiʕil / yifʕil*	*libis / yilbis*	„anziehen“

Ein (i,u)-Typ existiert nicht. Der (i,i)-Typ ist äußerst selten. Neben *libis / yilbis* gibt es lediglich zwei weitere gebräuchliche Verben dieses Typs: *ʕirif / yiʕrif* „wissen“ und *nizil / yinzil* „hinuntergehen, ab- oder aussteigen“.

Zum (a,a)-Typ gehören ausschließlich Wurzeln, die als zweiten oder dritten Radikal *ḥ , ʕ , h , ʔ* oder auch *x , ġ* haben, wie etwa *šaḥad / yišḥad* „betteln“, *samaḥ / yismaḥ* „erlauben“, *baʕat / yibʕat* „senden“, *dafaʕ / yidfaʕ* „bezahlen; drücken“, *dahan / yidhan* „anstreichen“, *saʔal / yisʔal* „fragen“, *šaxar / yišxar* „schnarchen“, *salax / yislax* „häuten“, *ḍaġaṭ / yiḍġaṭ* „pressen, drücken“. Es ist jedoch umgekehrt nicht so, dass alle Verben, die solch einen „gutturalen“ Konsonanten an zweiter oder dritter Stelle haben, zu diesem Typ gehören, wie etwa die folgenden Beispiele zeigen: *šaʕar / yušʕur* „fühlen, empfinden“, *falaḥ / yifliḥ* „pflügen“, *šibih / yišbah* „ähneln, gleichen“. Doch sind diese Ausnahmen eher selten, die meisten Verben dieser Bauart tummeln sich im (a,a)-Typ.

§ 34: Der Imperativ

Der Imperativ leitet sich ab aus der 2. Person des Subjunktivs, indem man das Präfix *t-* wegstreicht. Diese Regel gilt für alle Verbformen, für das bisher behandelte starke Verb im Grundstamm erhält man beispielsweise:

mask.	*imsik*	„ergreife!“	*uṭbux*	„koche!“	*iʕmal*	„mache!“
fem.	*im^{i}ski*	„ergreife!“	*uṭ^{u}bxi*	„koche!“	*iʕmali*	„mache!“
Pl. com.	*im^{i}sku*	„ergreift!“	*uṭ^{u}bxu*	„kocht!“	*iʕmalu*	„macht!“

Zum verneinten Imperativ siehe § 40.

§ 35: Partizipien

Wir unterscheiden in der arabischen Grammatik zwischen einem Partizip „Aktiv“ und einem Partizip „Passiv“. Die in der deutschen Grammatik alternativ oder zugleich benutzten Bezeichnungen „Präsens“ und „Perfekt“ treffen die

Verhältnisse im Arabischen nicht. Denn arabische Partizipialformen sind zeitlich nicht festgelegt. Das Partizip Aktiv zu *širib / yišrab* „trinken" heißt beispielsweise *šārib* wörtlich „trinkend" (mask. Sg.). Der Satz *ana šārib* wörtlich „ich trinkend" (mask. Sg.) trägt jedoch keine zeitliche Information in sich. Er könnte also heißen „ich trinke gerade, ich bin am Trinken", meist ist er jedoch gemeint als „ich bin trinkend gewesen = ich habe getrunken = ich habe keinen Durst".

Das Partizip Aktiv wird im Grundstamm gebildet nach

Sg.	mask.	*fāʕil*
Sg.	fem.	*fāʕle*
Pl.	com.	*fāʕlīn.*

Als rein femininer Plural ist auch *fāʕlāt* möglich.

Beispiele: *ṣāḥib* „befreundet seiend; Freund" (mask. Sg.), *ṭālib* „fordernd, bestellend; Student" (mask. Sg.), *ʕārfe* „wissend" (fem. Sg.), *māskīn* „ergreifend" (Pl.). Wie man an diesen Beispielen sieht, haben sich einige Partizipialformen lexikalisch verselbstständigt und bestimmte nominale Bedeutungen angenommen. Die ursprüngliche Partizipialbedeutung ist jedoch stets auch noch existent und benutzbar. Die Unterscheidung zwischen Adjektiv und Nomen ist im Arabischen nicht so scharf wie im Deutschen. Im Arabischen kann jedes Adjektiv auch als Nominalform verwendet werden. Das gilt insbesondere für die Partizipien, so kann etwa *kātib* „schreibend" bedeuten, aber auch „ein Schreibender = ein Schreiber".

Neben *fāʕil* gibt es, ebenfalls lexikalisch festgelegt, zu einigen Wurzeln Partizipien nach *faʕlān.* Die meist benutzten sind: *taʕbān* „müde, defekt", *naʕsān* „schläfrig", *sakrān* „betrunken", *bardān* „verfroren", *ǧūʕān* „hungrig", *ḥaznān* „traurig", *xarbān* „kaputt, zerbrochen", *zaʕlān* „traurig, wütend", *šabʕān* „satt", *ʕaṭšān* „durstig", *ʕayyān* „krank", *farḥān* „erfreut", *fahmān* „verständig", *qašlān* „erfolglos, gescheitert, glücklos", *kaslān* „faul", *malān* „voll, angefüllt". Die femininen Formen dazu lauten nach *faʕlāne,* der Plural com. *faʕlānīn* bzw. *faʕlānāt,* wenn es sich um einen rein weiblichen Plural handelt.

Partizipien, die spezifisch weibliche Eigenschaften bezeichnen, werden von Frauen in der maskulinen Form benutzt, beispielsweise *ḥāmil* „schwanger", *ḥāyiḍ* „menstruierend“. Eine Frau sagt also *ana ḥāmil* „ich bin schwanger“ und nicht *ana ḥāmle.* Das zugrundeliegende Verb heißt *ḥamal / yiḥmil* „tragen“. Benutzt eine Frau das Partizip in seiner ursprünglichen Bedeutung „tragend“, dann verwendet sie jedoch die feminine Form: *ana ḥāmle sandūq* „ich trage eine Kiste“.

Eine Ausnahme machen die Frauen in der Gegend um Ramallah. Dort ist es üblich und völlig normal, dass Frauen alle Partizipialformen, also nicht nur die spezifisch weiblichen, in der maskulinen Form benutzen. Doch ist dies eine Kuriosität, die auch andere Palästinenser in Erstaunen setzt.

Das Partizip Passiv wird im Grundstamm mit einem Präfix *ma-* gebildet:

Sg.	mask.	*mafʕūl*
Sg.	fem.	*mafʕūle*
Pl.	com.	*mafʕūlīn.*

Als rein femininer Plural ist auch *mafʕūlāt* möglich.

Beispiele: *maftūḥ* „geöffnet“, *mašġūl* „beschäftigt, belegt“, *maktūb* „geschrieben; Brief“, *maṭlūb* „gefordert; Forderung“.

LEKTION 12 / *id-dars il-^{i}ṭnaʕš*

§ 36: Die Stämme des starken Verbs

Wir haben nun alle Formen vom Grundstamm des starken Verbs kennengelernt: Perfekt, Imperfekt Subjunktiv und Indikativ, den Imperativ und die Partizipien Aktiv und Passiv. Statt Imperfekt Indikativ sagen wir zukünftig einfach „Imperfekt" und statt Imperfekt Subjunktiv nur „Subjunktiv". Im Anhang finden Sie auf Tafel VI ein Paradigma für alle Verbformen des Grundstamms mit einem Beispiel für alle möglichen Perfekt- und Imperfekttypen. Bitte lernen Sie diese Tabelle sorgfältig auswendig und üben Sie die Formen mit den starken Verben, die Sie bisher kennengelernt haben, beispielsweise mit *ḥamal/yiḥmil, fataḥ/yiftaḥ, nizil/yinzil, širib/yišrab, fihim/yifham, ḍarab/yuḍrub, ʕimil/yiʕmal.* Die Kenntnis der Flexion des starken Verbs im Grundstamm ist unerlässlich zum Verständnis aller weiteren Ausführungen zum Verbum.

Neben dem Grundstamm (I. Stamm) gibt es noch neun sogenannte „höhere Stämme" (Stämme II–X). Sie unterscheiden sich vom Grundstamm dadurch, dass entweder ein Radikal verdoppelt oder ein Vokal gelängt ist oder Prä- bzw. Infixe (*n* , *t* , *st*) hinzugefügt sind. Im Unterschied zum Grundstamm gibt es in den höheren Stämmen keine Varianten in der Vokalisation, also keine (a,i), (a,u) usw. Typen, sondern stets nur ein einziges, einheitliches Paradigma. Wir wollen an dieser Stelle schon einen ersten Blick auf die Gestalt der höheren Stämme des starken Verbs werfen. Später werden wir sie dann einen nach dem anderen ausführlich besprechen.

II	*faʕʕal / yfaʕʕil*	VII	*nfaʕal / yin^{i}fʕil*
III	*fāʕal / yfāʕil*	VIII	*ftaʕal / yiftʕil*
IV	*afʕal / yifʕil*	IX	*fʕall / yifʕall*
V	*tfaʕʕal / yitfaʕʕal*	X	*stafʕal / yistafʕil.*
VI	*tfāʕal / yitfāʕal*		

Dies ist die allgemeine Gestalt des starken Verbs in den höheren Stämmen. Bei schwachen Verben, also bei Verben, die mindestens einen „schwachen" Radikal (W oder Y) besitzen, muss das Paradigma modifiziert werden. Bei der Besprechung der höheren Stämme werden wir stets den Sonderfall der schwachen Verben mit berücksichtigen (primae, mediae, tertiae infirmae). Ein Spezialfall des starken Verbs sind die starken Verben, deren zweiter und dritter Radikal identisch sind. Man nennt diese „geminierte" Verben oder Verba mediae geminatae. Sie werden zusammen mit den schwachen Verben abgehandelt.

Abgesehen von den zehn Stämmen gibt es nur ein rundes Dutzend Verben, die nicht in das Schema passen wollen und die deshalb irreguläre oder unregelmäßige Verben genannt werden. Im Unterschied zu den meisten anderen Sprachen hat das Arabische eine äußerst regelmäßige Verbflexion. Um alle vorkommenden Flexionstypen vollständig zu beschreiben, benötigt man kein Buch, es genügen wenige Seiten.

Ursprünglich hatten die höheren Stämme bestimmte semantische Funktionen. Diese sind heute jedoch oft kaum mehr zu erkennen. In Tafel XIX finden Sie die alten Bedeutungen mit Beispielen.

Zu einer vorgegebenen Wurzel sind nicht alle Stämme belegt. Das Lexikon gibt darüber Auskunft, in welchen Stämmen eine Wurzel auftritt und was das so gebildete Verb jeweils bedeutet. Bei Wortneuschöpfungen können die Leerstellen in der Stammbildung einer Wurzel durchaus genutzt werden.

§ 37: Transitive und intransitive Verben

Im Deutschen unterscheiden wir transitive Verben, die ein direktes Akkusativ-Objekt nach sich ziehen (ich schlage ihn, ich liebe dich), im weiteren Sinne auch Verben mit direktem Dativ-Objekt (ich helfe ihm, ich danke dir) von den intransitiven Verben, bei denen lediglich Präpositionalkonstruktionen stehen können (ich arbeite mit ihm zusammen, er schwimmt zum Ufer). Ein deutsches Verb kann also ein direktes Akkusativ-Objekt, ein direktes Dativ-Objekt oder ein mit einer Präposition angefügtes Objekt haben. Im Arabischen zählt das direkte Dativ-Objekt zu den Präpositionalkonstruktionen, denn es wird mittels der Präposition *la* wörtl. „für, nach, hin, zu" angefügt. Deshalb nennen wir Verben transitiv, wenn sie ein direktes Akkusativobjekt nach sich ziehen können, und intransitiv, wenn sie mit einer Präposition stehen. Nicht immer, aber oft wird die arabische Entsprechung eines deutschen Wortes gleich konstruiert: *ḍarab/yuḍrub* „schlagen" beispielsweise zieht sowohl im Deutschen wie auch im Arabischen ein direktes Akkusativobjekt nach sich: *ḍarab iz-zalame* „er schlug den Mann". Dagegen wird beispielsweise *kazab/yikzib* „belügen" im Deutschen transitiv konstruiert, im Arabischen aber intransitiv mit der Präposition *ʕala: kazab ʕalē* „er belog ihn".

Wir müssen also bei jedem Verb angeben, mit welcher Präposition es steht oder ob es mit direktem Akkusativobjekt konstruiert wird. Wir machen das folgendermaßen:

Mit direktem Objekt der Person:	*ḍarab / yuḍrub* „schlagen (jn)"
Mit direktem Objekt der Sache:	*fataḥ / yiftaḥ* „öffnen (etw)"
Mit Präpositionalkonstruktion:	*kazab / yikzib* „belügen" (jn *ʕala*).

Steht also außer dem deutschen Objekt nichts in der Klammer, so heißt das, dass das Verb im Arabischen transitiv ist. Ist das Verb intransitiv, so wird die Präposition, mit der es konstruiert wird, in der Klammer mit angegeben.

Manche Verben können alternativ ein Objekt der Person oder der Sache haben. In diesem Fall werden die beiden Objekte mit Komma abgetrennt:

masak / yimsik „ergreifen (jn, etw)"

bedeutet, dass das Verb mit einem direkten Objekt der Person oder (= ausschließendes oder) einem direkten Objekt der Sache steht. *masak il-bint* „er ergriff das Mädchen" oder *masak l-ⁱktāb* „er ergriff das Buch".

Ebenso bei intransitiven Verben:

hağam / yihğim „angreifen (jn, etw *ʕala*)"

heißt, dass das Verb mit einem indirekten Objekt der Person oder (bei Komma stets ausschließendes oder) der Sache gebildet wird. *hağam ʕalē* „er griff ihn an" oder „er griff es an".

Manche Verben können gleichzeitig mehrere Objekte haben. In diesem Fall werden die Objekte mit Semikolon abgetrennt:

aʕṭa / yaʕṭi „geben (jm; etw)"

bedeutet, dass das Verb *aʕṭa* im Arabischen mit zwei direkten Objekten steht (im Unterschied zum Deutschen, wo es ein Dativ- und ein Akkusativobjekt nach sich zieht): *aʕṭa iz-zalame il-ḥalīb* „er gab dem Mann die Milch“. Dagegen heißt

ṭabax / yuṭbux „kochen (etw; jm *la*)“,

dass das Verb mit einem direkten Objekt der Sache und einem indirekten (hier Dativ-) Objekt der Person gebildet wird. *ṭabxat ḥummuṣ laz-zalame* „sie kochte dem Mann Hummus“.

Ebenso bedeutet

qasam / yiqsim „(zu-, auf-) teilen (etw; unter jm *ʕala*)“,

dass ein direktes Objekt der Sache und ein indirektes der Person mit *ʕala* angefügt werden kann: *qasam il-maṣāri ʕala n-nās* „er teilte das Geld unter die Leute auf“.

Anm. 1: Machen Sie sich über die etwas merkwürdige Gestalt des Verbs *aʕṭa / yaʕṭi* keine weiteren Gedanken. Es ist eines der wenigen unregelmäßig gebildeten Verben, und wir werden uns später noch ausführlicher damit beschäftigen.

Anm. 2: Die häufige Präposition *ʕala* kann stets auch zu *ʕa* verkürzt werden. Generell schreiben wir Präpositionen, die nur aus zwei oder weniger Buchstaben bestehen (*ʕa, la, fi, b-*), mit dem Artikel zusammen: *qasam il-maṣāri ʕan-nās; ṭabxat ḥummuṣ laz-zalame.*

LEKTION 13 / *id-dars it-talaṭṭaʕš*

§ 38: Suffigierte Personalpronomen III (siehe auch § 15 und § 32)

Wir kennen bisher die Personalsuffixe am Nomen (Possessiv- oder Genitivsuffixe) und an Präpositionen. Bei transitiven Verben kann für das Akkusativobjekt natürlich auch ein Personalpronomen stehen. Die Akkusativsuffixe am Verb sind praktisch genau dieselben wie die Genitivsuffixe und werden nach denselben Regeln suffigiert, mit der einzigen Ausnahme, dass das Suffix der ersten Person Sg. nicht *-i* sondern *-ni* lautet. Wir schauen uns die Suffixe am Verb *masak / yimsik* „ergreifen (jn, etw)" an:

Suffixe		an *masak*	an *masakna*	an *bimsik*	an *bim^{i}sku*
Sg.	3. m.	*masako*	*masaknā*	*bim^{i}sko*	*bim^{i}skū*
	f.	*masakha*	*masaknāha*	*bimsikha*	*bim^{i}skūha*
	2. m.	*masakak*	*masaknāk*	*bim^{i}skak*	*bim^{i}skūk*
	f.	*masakik*	*masaknāki*	*bim^{i}skik*	*bim^{i}skūki*
	1. c.	*masakni*	*masaknāni*	*bimsikni*	*bim^{i}skūni*
Pl.	3. c.	*masakhum*	*masaknāhum*	*bimsikhum*	*bim^{i}skūhum*
	2. c.	*masakku(m)*	*masaknāku(m)*	*bimsikku(m)*	*bim^{i}skūku(m)*
	1. c.	*masakna*	*masaknāna*	*bimsikna*	*bim^{i}skūna*

Dativobjekte werden mittels der Präposition *la* angeschlossen. Besteht das Objekt aus einem Personalpronomen, so werden die Formen von *la* verbunden mit dem Personalpronomen direkt an das Verb angehängt:

Sg.	3. m.	*-lo*	*katablo*	„er schrieb ihm"
	3. f.	*-lha*	*katab^{i}lha*	„er schrieb ihr"
	2. m.	*-lak*	*katablak*	„er schrieb dir"
	2. f.	*-lik*	*katablik*	„er schrieb dir"
	1. c.	*-li*	*katabli*	„er schrieb mir"
Pl.	3. c.	*-lhum*	*katab^{i}lhum*	„er schrieb ihnen"
	2. c.	*-lku(m)*	*katab^{i}lku(m)*	„er schrieb euch"
	1. c.	*-lna*	*katab^{i}lna*	„er schrieb uns".

Das städtische Palästinensisch kennt dazu noch eine geschärfte Variante mit verdoppeltem *-ill-:*

Sg.	3. m.	*-illo*	*katabillo*	„er schrieb ihm“
	3. f.	*-illha*	*katabillha*	„er schrieb ihr“
	2. m.	*-illak*	*katabillak*	„er schrieb dir“
	2. f.	*-illik*	*katabillik*	„er schrieb dir“
	1. c.	*-illi*	*katabilli*	„er schrieb mir“
Pl.	3. c.	*-illhum*	*katabillhum*	„er schrieb ihnen“
	2. c.	*-illku(m)*	*katabillku(m)*	„er schrieb euch“
	1. c.	*-illna*	*katabillna*	„er schrieb uns“.

Die beiden Varianten unterscheiden sich nicht in der Bedeutung, und die letztere ist, wie bereits gesagt, ein rein städtisches Phänomen. Wir haben hier also die freien Varianten (Zeichen ~): *qultlo* ~ *qultillo* „ich sagte zu ihm“, *ṭabaxlo* ~ *ṭabaxillo* „er kochte für ihn“, *ṭabax*^{i}*lha* ~ *ṭabaxillha* „er kochte für sie“. Bei Verba mediae infirmae wird der Langvokal bei Antritt eines Dativsuffixes in der Regel gekürzt: *qallo* ~ *qalillo* „er sagte zu ihm“ (zu *qāl* „sagen“), *qallha* ~ *qalillha* „er sagte zu ihr“, *ǧablo* ~ *ǧabillo* „er brachte ihm“ (zu *ǧāb* bringen).

Ist der Platz für ein suffigiertes Personalpronomen am Verb durch ein Dativ- oder ein Akkusativobjekt besetzt, so kann ein weiteres Akkusativobjekt nicht auch noch als Pronomen angehängt werden. Denn ein Verb kann nur ein Suffix aufnehmen. In diesem Fall dient die Partikel *iyya-* als Träger des zusätzlichen Akkusativpronomens. Beispiele: *ǧabli l-*^{i}*ktāb* = *ǧabli iyyā* „er brachte es (das Buch) mir“, *ǧabli s-sayyāra* = *ǧabli iyyāha* „er brachte es (das Auto) mir“, *aʕṭāni l-*^{i}*qlām* = *aʕṭāni iyyāhum* „er gab sie (die Stifte) mir“, *ṭabaxt*^{i}*lha* ~ *ṭabaxtillha iyyā* „ich kochte ihr es“.

Die Partikel *iyya-* selbst hat keine Bedeutung und kommt nur verbunden mit Personalpronomen vor. Selbstständig steht die suffigierte Partikel für die Akkusativform des Personalpronomens:

Sg. 3.	m.	*iyyā*	„ihn“
	f.	*iyyāha*	„sie“
2.	m.	*iyyāk*	„dich“
	f.	*iyyāki*	„dich“ (fem.)
1.	c.	*iyyāni*	„mich“
Pl. 3.	c.	*iyyāhum*	„sie“
2.	c.	*iyyāku(m)*	„euch“
1.	c.	*iyyāna*	„uns“.

Selbstständig benutzt wird die Partikel beispielsweise in folgenden Wendungen: *biddo iyyāni* „er will mich“, *biddi iyyāki* „ich will dich“, dasselbe betont *biddi iyyāki inti* „ich will DICH“ oder *biddi ana iyyāki* „ICH will dich“. Verknüpft man zwei Personalpronomen mit „und“, so muss das zweite Pronomen (ähnlich wie im Englischen) im Akkusativ stehen: *ana w-iyyāk* „ich und du“, *iḥna w-iyyā* „wir und er“, *inte w-iyyāha* „du und sie“. Man beachte, dass man sich im Arabischen immer zuerst nennt, also niemals *inte w-iyyāni* sondern *ana w-iyyāk.*

Auch die Dativpartikel *la* kann, verbunden mit Pronomen, selbstständig stehen und bezeichnet dann die Dativform des Pronomens. Nicht mit einem Verb verbunden hat sie einen betonten Vorschlagsvokal *i-:*

Sg. 3.	m.	*ilo*	„ihm“
	f.	*ilha*	„ihr“
2.	m.	*ilak*	„dir“
	f.	*ilik*	„dir“
1.	c.	*ili*	„mir“
Pl. 3.	c.	*ilhum*	„ihnen“
2.	c.	*ilku(m)*	„euch“
1.	c.	*ilna*	„uns“.

Selbstständig gebraucht drückt die Partikel den Besitz aus: *il-bēt ili* „das Haus gehört mir“, *ili bēt* „ich besitze ein Haus“, *is-sayyāra ilna* „das Auto gehört uns“, *ilhum kutub* „sie besitzen Bücher“. *la mīn id-daftar? — ili!* „wem gehört das Heft? — mir!“.

ili besitzt ungefähr die gleiche Bedeutung wie *ʕindi,* doch ist es universeller einsetzbar. Beim indeterminierten Nomen können beide stehen *ʕindi ǧakēt* = *ili ǧakēt* „ich besitze eine Jacke“. Beim determinierten Nomen als Prädikat und völlig selbstständig wird jedoch nur *ili* verwendet: *il-qalam ili* „der Stift gehört mir“, *ili!* „meins!“.

Sprachgeschichtlich taucht die Dativpartikel noch in den Formen *mālak, mālo, mālha* usw. auf „was hast du, was hat er, was hat sie?“, was aus altem *mā(ḏa)* in der Bedeutung „was“ und angefügtem Dativsuffix *-lak, -lo, -lha* „dir, ihm, ihr“ hervorgegangen ist. Volksetymologisch wurde der Ausdruck jedoch umgedeutet, als ob er aus *māl* „Besitz“ verbunden mit Possessivsuffix gebildet sei. Deshalb hört man heutzutage auch doppelt gemoppelte Formen *šū mālak, šū mālo, šū mālha* usw.

§ 39: Verba mediae infirmae im Grundstamm

In § 24 hatten wir die Flektion der Verba mediae infirmae im Perfekt kennengelernt. Dabei gab es einen *u*-Typ (*kān – kunt*) und einen *i*-Typ (*ṣār – ṣirt*). Im Imperfekt gibt es drei verschiedene Typen, einen *u-*, einen *i-* und einen *a*-Typ:

Subjunktiv			*u*-Typ *rāḥ* „gehen“	*i*-Typ *bāʕ* „verkaufen“	*a*-Typ *xāf* „fürchten“
Sg.	3.	m.	*yrūḥ*	*ybīʕ*	*yxāf*
		f.	*trūḥ*	*tbīʕ*	*txāf*
	2.	m.	*trūḥ*	*tbīʕ*	*txāf*
		f.	*trūḥi*	*tbīʕi*	*txāfi*
	1.	c.	*arūḥ*	*abīʕ*	*axāf*
Pl.	3.	c.	*yrūḥu*	*ybīʕu*	*yxāfu*
	2.	c.	*trūḥu*	*tbīʕu*	*txāfu*
	1.	c.	*nrūḥ*	*nbīʕ*	*nxāf*
Imperfekt					
Sg.	3.	m.	*birūḥ*	*bibīʕ*	*bixāf*
		f.	*bitrūḥ*	*bitbīʕ*	*bitxāf*
	2.	m.	*bitrūḥ*	*bitbīʕ*	*bitxāf*
		f.	*bitrūḥi*	*bitbīʕi*	*bitxāfi*
	1.	c.	*barūḥ*	*babīʕ*	*baxāf*
Pl.	3.	c.	*birūḥu*	*bibīʕu*	*bixāfu*
	2.	c.	*bitrūḥu*	*bitbīʕu*	*bitxāfu*
	1.	c.	*minrūḥ*	*minbīʕ*	*minxāf*

Dabei gilt, dass Verben, die im Perfekt vom *u*-Typ sind, auch im Imperfekt vom *u*-Typ sind und umgekehrt. Im Prinzip dasselbe gilt für den *i*-Typ, jedoch mit den beiden Ausnahmen

nām (1. Ps. *nimt*) / *ynām* „schlafen“
xāf (1. Ps. *xift*) / *yxāf* „(sich) fürchten (vor etw, jm *min*)“,

die beide im Perfekt vom *i*-Typ sind, im Imperfekt jedoch vom *a*-Typ. Wir können also ganz allgemein bei den Mediae infirmae von einem *u*-Typ und einem *i*-Typ sprechen, wobei *nām* und *xāf* zum *i*-Typ gerechnet, aber im Imperfekt abweichend flektiert werden. Bei den Verben vom *u*-Typ nimmt man an, dass der mittlere Radikal ein W ist, bei den Verben vom *i*-Typ ein Y. Es ist also *šāf / yšūf* unter ŠWF und *ğāb / yğīb* unter ĞYB im Wörterbuch zu finden.

Die Imperative werden gemäß unserer allgemeinen Regel gebildet, indem man bei der 2. Person Subjunktiv das Präfix *t-* weglässt: *rūḥ – rūḥi – rūḥu , bīʕ – bīʕi – bīʕu , nām – nāmi – nāmu* „geh(t)!, verkauf(t)!, schlaf(t)!“.

Die Partizipien werden von allen Typen so gebildet, als wäre der mittlere Radikal ein Y:

šāyif - šāyfe – šāyfīn – šāyfāt
ğāyib – ğāybe – ğāybīn – ğāybāt
nāyim – nāyme – nāymīn – nāymāt.

Ebenso das Passiv

mašyūf – mašyūfe – mašyūfīn – mašyūfāt
mağyūb – mağyūbe – mağyūbīn – mağyūbāt.

Bei Verba mediae infirmae wird der Langvokal gekürzt, wenn ein konsonantisch anlautendes Suffix antritt, beispielsweise *biqūl* „er sagt“ + *-lo* „ihm“ wird zu *biqullo.* Ebenso heißt es *ğab^{i}lha* „er brachte ihr“ und *ğiblo* „bring ihm“. In all diesen Fällen drücken wir die Vokalkürzung auch in der Schrift aus.

LEKTION 14 / *id-dars il-arbaʕṭaʕš*

§ 40: Die Negation

Der Nominalsatz wird mit *miš* verneint. Auch Sätze mit partizipialem Prädikat sind Nominalsätze:

hī miš ṭālbe „sie ist keine Studentin“
iz-zalame miš falasṭīni „der Mann ist kein Palästinenser“
miš ismi Mḥammad „ich heiße nicht Mḥammad“
ana miš mabṣūṭ „ich bin nicht zufrieden“
miš ʕārif „ich weiß nicht“
miš qādir amši „ich kann nicht (mehr) laufen“.

Der Verbalsatz wird durch die Zirkumposition *mā* ... *-š* verneint (vgl. franz. ne ... pas). Man beachte dabei, dass auslautende Kurzvokale vor dem Suffix *-š* gelängt werden und in Verba mediae infirmae der Langvokal gekürzt wird:

mā ḍarabš „er schlug nicht“
mā širbitš „sie trank nicht“
mā ṭabaxūš „sie kochten nicht“
mā ḥamalnāš „wir trugen nicht“
mā txafš „fürchte dich nicht“ (verneinter Imperativ, siehe nächste Seite)
mā bimsik^{i}š „er ergreift nicht“
mā btuṭ^{u}bxīš „du (fem.) kochst nicht“
mā btiʕmalūš „ihr macht nicht“
(für einen vollständigen Satz ergänze *wāḥad* „jemanden“ oder *iši* „etwas“).

Dabei kann stets das End-*š* auch weggelassen werden:

mā ḍarab „er schlug nicht“
mā širbit „sie trank nicht“
mā ṭabaxu „sie kochten nicht“
mā ḥamalna „wir trugen nicht“
mā bimsik „er ergreift nicht“
mā btuṭ^{u}bxi „du (fem.) kochst nicht“
mā btiʕmalu „ihr macht nicht“.

Im Imperfekt kann stattdessen auch das Anfangs- *mā* weggelassen werden:

bimsik^{i}š „er ergreift nicht“
btuṭ^{u}bxīš „du (fem.) kochst nicht“
btiʕmalūš „ihr macht nicht“
baʕrafš ~ *baʕrifš* „ich weiß nicht“.

Beim Perfekt darf das *mā* jedoch nie fehlen!

All die oben genannten Formen sind korrekt und werden so benutzt. Es zeichnet sich jedoch eine Präferenz ab, wonach im Perfekt gerne das *-š* und im Imperfekt das *mā* weggelassen wird.

Vor dem verneinten Imperativ und dem Subjunktiv steht meist *lā* statt *mā*. End-*š* ist dabei wieder fakultativ. Das Präfix *lā* oder *mā* kann wie im Indikativ aber auch völlig fehlen. Der Imperativ wird verneint, indem man die 2. Person des Subjunktivs verneint:

lā tuḍrub! oder *mā tuḍrub!* oder *lā tuḍrubš!* oder *mā tuḍrubš!* oder schlicht *tuḍrubš!* „schlage nicht!“ (letzte und erste Form sind wohl die häufigsten). Ebenso: *timšīš* „laufe nicht“, *tiḥlamš* „träume nicht“, *tišrabš* „trinke nicht“, *lā tiftaḥš* „öffne nicht“, *mā trūḥ* „gehe nicht“, *lā tqūl* „sage nicht“, *mā txāf* „fürchte dich nicht“.

Bei den Verba mediae infirmae wird der Langvokal in der Regel gekürzt, wenn man ein End-*š* anhängt:

truḥš „gehe nicht“, *mā tqulš* „sage nicht“, *lā txaf^{i}š* „fürchte dich nicht“, *tǧib^{i}š* „bringe nicht“.

Dahinter steckt die allgemeine Regel, dass Langvokale gekürzt werden *(ā,ī,ū > a,i,u* und *ē,ō > i,u)*, wenn sie in eine doppelt geschlossene Silbe geraten (= Silben die auf KK enden). Gelegentlich hört man aber auch Sprecher, die keine Kürzung des Langvokals vornehmen, insbesondere, wenn sie einen Hilfsvokal einschieben: *barūh^{i}š* „ich gehe nicht“.

Auch andere Formen des Subjunktivs werden wie der Imperativ verneint:

lā yimsik „er möge nicht ergreifen“
(mā) yuḍ^{u}rbūš „sie mögen nicht schlagen“.

Das als Hilfsverb (bzw. Verbmodifikator) verwendete *bidd-* wird verneint wie das Imperfekt des Verbs:

(mā) biddīš aktub „ich will nicht schreiben"
(mā) biddkumš tuṭ^{u}*bxu?* „wollt ihr nicht kochen?"
(mā) biddhāš tuḍ^{u}*rbo* „sie will ihn nicht schlagen".

Auch präpositionale Prädikate können ähnlich verneint werden:

(mā) ʕindīš maṣāri „ich habe kein Geld"
mā lakš oder *ilakš sayyāra?* „besitzt du kein Auto?"
mā fī sayyārāt „es gibt keine Autos"
il-bint fīhāš iši „dem Mädchen fehlt nichts".

Die Verneinung von *fī* „es gibt" lautet abweichend *fišš* oder *mā fišš* (sprich *mafišš*):

(mā) fišš iši „nichts"
(mā) fišš nās „keine Leute"
(mā) maʕīš oder *fišš maʕi frāṭa* „ich habe kein Kleingeld dabei"
maʕakš iši oder *fišš maʕak iši?* „hast du nichts dabei?"

Für „niemand, keiner" existieren zahlreiche Ausdrücke:

mā ḥad, mā ḥada, mā ḥadāš, mā ḥadd^{i}*š, mā fišš wāḥad, wálā wāḥad.*

„niemals" wird gerne mit *ʕumr* „Lebensalter" ausgedrückt:

ʕumri mā ṭabaxt „ich habe noch nie gekocht"
(mā) ʕumrakš ^{i}*ʕmilt iši?* „hast du niemals etwas gemacht?"
ʕumrik lā tik^{i}*zbi ʕala wāldēki* „belüge niemals deine Eltern"
[*kazab/yikzib* „lügen, belügen (jn. *ʕala*)"].

§ 41: Zahlen

sifr heißt „Null" und hat anders als im Hocharabischen kein emphatisches *ṣ*, sondern wird mit *s* gesprochen.
1 und 2 existieren in mask. und fem. Formen *wāḥad / waḥade, waḥde — tnēn, tinēn / tintēn* und kongruieren entsprechend.

wāḥad ist ein charakteristisches Wort für das Palästinensisch-Arabische. So findet sich die Form erst im Maghreb wieder. Es bezeichnet auch unbestimmtes „einer": *(kān) fī wāḥad* „es war einmal einer". Adjektivisch steht es gewöhnlich hinter dem Nomen: *iši wāhad* „eine Sache", *šaġle waḥade* „eine Sache". Es kann vor Personenbezeichnungen auch wie ein unbestimmter Artikel verwendet werden: *wāḥad muslim w-wāḥad maṣīḥi* „ein Muslim und ein Christ". Häufig benutzte Zusammensetzungen sind: *kull wāḥad* „jeder", *kull waḥade* „jede", *wāḥad wāḥad* „einer nach dem anderen", *ayy wāḥad* „irgendeiner". Das Zahlwort bezeichnet auch die Einheit, wenn das Gezählte nicht genannt wird: *talatīn wāḥad* „dreißig", *kam wāḥad?* „wieviele?".

Das Zahlwort für 2 kongruiert mit dem Plural und wird als adjektivisches Attribut nachgestellt (und dient damit als Dualersatz): *zlām ⁱtnēn* ~ *zalamtēn* „zwei Männer", *niswān tintēn* ~ *maratēn* „zwei Frauen", *l-ⁱwlād it-tinēn* „die zwei Knaben", *il-banāt it-tintēn* „die zwei Mädchen". Es kann aber auch, was jedoch seltener geschieht, in einer Art Genitivverbindung vorgestellt werden: *ⁱtnēn zlām* „zwei Männer", *tintēn niswān* „zwei Frauen". Bei den determinierten Formen sieht man, dass es sich um keine Genitivverbindung im eigentlichen Sinne handelt: *l-ⁱtnēn ⁱzlām* „die zwei Männer", *it-tintēn niswān* „die zwei Frauen".

Die Zahlen 3-10 existieren in 2 Formen, je nachdem, ob das Gezählte genannt oder nicht genannt wird. Die Formen ohne Nennung des Gezählten haben eine Femininendung, die bei den Formen mit anschließender Nennung des Gezählten fehlt: *sitte* „sechs" aber *sitt ⁱzlām* „sechs Männer". Bei den Zahlen von 11-19 unterscheiden sich die Formen mit Nennung des Gezählten von den Formen ohne Nennung des Gezählten durch ein angehängtes *-ar,* sind also länger als die Formen ohne Nennung des Gezählten: *talaṭṭaʕš* „dreizehn" aber *talaṭṭaʕšar zalame* „dreizehn Männer". Während also von 3–10 bei Nennung des Gezählten die Kurzform verwendet wird, nimmt man von 11-19 die Langform. Bei größeren Zahlen gibt es jeweils nur eine Form.

Die Zahlen 3-10 kongruieren mit dem Plural, größere Zahlen mit dem Singular: *xams ⁱbyūt* „5 Häuser", *xamasṭaʕšar bēt* „15 Häuser", *xamsīn bēt* „50 Häuser". Entscheidend dafür, ob Singular oder Plural verwendet wird, ist das unmittelbar vor dem Gezählten stehende Zahlwort: *sabaʕa w-sittīn bēt* „67 Häuser", *arbaʕa w-ʕišrīn sāʕa* „24 Stunden".

Bei den Zahlen von 21-99 werden wie im Deutschen zunächst die Einer und dann die Zehner genannt: *sitte w-sittīn* „66". Auch bei noch höheren Zahlen ist die Reihenfolge wie im Deutschen: *talatmiyye w-xamse w-sittīn* „365".

Zahlwörter werden meist vorgestellt – gegebenfalls in der Form mit Nennung des Gezählten: *arbaʕ sayyārāt* „vier Autos", *taman ṭullāb* „8 Studenten", *siṭṭaʕšar qalam* „16 Kugelschreiber", *tisʕīn ḥafle* „90 Feste". Sie können aber auch in ihrer Nennform (ohne Nennung des Gezählten) nachgestellt werden. Dabei wird vom Gezählten stets der Plural gebildet: *ṭullāb tamānye, ⁱqlām siṭṭaʕš, ḥaflāt tisʕīn.* Die erstgenannten Formen werden determiniert, indem man lediglich das Zahlwort mit dem Artikel versieht: *it-taman ṭullāb* „die 8 Studenten", *is-siṭṭaʕšar qalam* „die 16 Kugelschreiber", *it-tisʕīn ḥafle* „die 90 Feste". Bei den zweitgenannten Formen werden beide Ausdrücke mit dem Artikel versehen: *iṭ-ṭullāb it-tamānye, l-ⁱqlām is-siṭṭaʕš, il-ḥaflāt it-tisʕīn.*

Determiniert man eine zusammengesetzte Zahl, so wird nur die erste Zahl mit dem Artikel verbunden, der Zahlausdruck wird also als eine Einheit betrachtet: *it-talatmiyye w-xamse w-sittīn yōm* = *il-ayyām it-talatmiyye w-xamse w-sittīn* „die 365 Tage".

Einige Wörter bilden nach den Zahlen 3–10 einen speziellen „Zählplural", die wichtigsten sind:
yōm / ayyām oder *iyyām,* Zählplural *tiyyām: arbaʕ tiyyām* „vier Tage"
šahr / šhūr, Zählplural *tušhūr: xamas tušhur* „fünf Monate"
alf / ālāf, Zählplural *tālāf: sabaʕ tālāf* „siebentausend".

Häufig benutzte Bruchzahlen sind *nuṣṣ* „Hälfte, halb", *tult* „ein Drittel", *rubʕ* „ein Viertel".

Bei den Ordinalzahlen benutzt man von 3 bis 10 den Morphemtyp mask. *fāʕil,* fem. *fāʕle.* Bei größeren Zahlen dient die Kardinalzahl als Ordinalzahl und wird genusunabhängig stets in derselben Form benutzt. Die Ordinalzahlen werden grammatikalisch behandelt wie Adjektive: *il-walad it-tālit* „der dritte Junge", *il-bint ir-rābʕa* „das vierte Mädchen", *il-bēt il-xamasṭaʕš* „das 15. Haus", *is-sayyāra is-siṭṭaʕš* „das 16. Auto", *il-balad it-talatīn* „das 30. Dorf". Daneben können die Ordinalzahlen auch in der artikellosen maskulinen Form vor das Nomen gestellt werden und determinieren dadurch das Nomen wie ein Artikel: *tālit zalame* „der 3. Mann", *rābiʕ bint* „das 4. Mädchen".

0	*sifr*		
1 m.	*wāḥad*	1 f.	*waḥade, waḥde*
2 m.	*tnēn, tinēn*	2 f.	*tintēn*

	ohne Nennung des Gezählten	mit Nennung des Gezählten		ohne Nennung des Gezählten	mit Nennung des Gezählten
			11	*ḥda(ʕ)š*	*ḥda(ʕ)šar*
			12	*ṭna(ʕ)š*	*ṭna(ʕ)šar*
3	*talāte, tlāte*	*talat, talt, tlat*	13	*talaṭṭa(ʕ)š*	*talaṭṭa(ʕ)šar*
4	*arbaʕa, arbʕa*	*arbaʕ, arbʕ*	14	*arba(ʕ)ṭa(ʕ)š*	*arba(ʕ)ṭa(ʕ)šar*
5	*xamse*	*xamas, xams*	15	*xamasṭa(ʕ)š*	*xamasṭa(ʕ)šar*
6	*sitte*	*sitt*	16	*siṭṭa(ʕ)š*	*siṭṭa(ʕ)šar*
7	*sabaʕa, sabʕa*	*sabaʕ, sabʕ*	17	*saba(ʕ)ṭa(ʕ)š*	*saba(ʕ)ṭa(ʕ)šar*
8	*tamanye, tamānye*	*taman, tamān*	18	*tamanṭa(ʕ)š*	*tamanṭa(ʕ)šar*
9	*tisʕa*	*tisʕ*	19	*tis(a)(ʕ)ṭa(ʕ)š*	*tis(a)(ʕ)ṭa(ʕ)šar*
10	*ʕašara*	*ʕašr, ʕašar*	20	*ʕišrīn*	*ʕišrīn*

21	*wāḥad w-ʕišrīn* / f. *waḥde w-ʕišrīn*	30	*talatīn*
22	*tnēn w-ʕišrīn* / f. *tintēn w-ʕišrīn*	40	*arbaʕīn, arbʕīn*
23	*tlāte w-ʕišrīn*	50	*xamsīn*
24	*arbʕa w-ʕišrīn*	60	*sittīn*
25	*xamse w-ʕišrīn*	70	*sabaʕīn, sabʕīn*
26	*sitte w-ʕišrīn*	80	*tamanīn*
27	*sabʕa w-ʕišrīn*	90	*tisʕīn*
28	*tamanye w-ʕišrīn*	100	*miyye* (constr. *mīt*, Pl. *miyyāt*)
29	*tisʕa w-ʕišrīn*	200	*miyytēn*

300	*talat miyye*	2000	*alfēn*
400	*arbaʕ miyye*	3000	*talat tālāf*
1000	*alf* (Pl. *ālāf*, Zählplural *tālāf*)	4000	*arbaʕ tālāf*
		1000000	*malyūn* / *malāyīn*

Die Ordinalzahlen lauten:

	mask.	fem.		com.
1.	*awwal*	*ūla*	11.	*ḥda(ʕ)š*
2.	*tāni*	*tānye*	12.	*ṭna(ʕ)š*
3.	*tālit*	*tālte*	13.	*talaṭṭa(ʕ)š*
4.	*rābiʕ*	*rābʕa*	14.	*arba(ʕ)ṭa(ʕ)š*
5.	*xāmis*	*xāmse*	15.	*xamasṭa(ʕ)š*
6.	*sādis*	*sādse*	16.	*siṭṭa(ʕ)š*
7.	*sābiʕ*	*sābʕa*	17.	*saba(ʕ)ṭa(ʕ)š*
8.	*tāmin*	*tāmne*	18.	*tamanṭa(ʕ)š*
9.	*tāsiʕ*	*tāsʕa*	19.	*tis(a)(ʕ)ṭa(ʕ)š*
10.	*ʕāšir*	*ʕāšra*	20.	*ʕišrīn*

LEKTION 15 / *id-dars il-xamasṭaʕš*

§ 42: Verba tertiae infirmae im Grundstamm

Verben, die an der dritten Stelle schwach sind, sind alle vom Tertiae Y Typ. Tertiae W, die es in älteren Sprachstufen gibt, sind keine mehr erhalten, sondern alle in den ersten Typ übergegangen. Diese Verben haben am Wortende im Perfekt und Imperfekt statt eines Konsonanten einen Vokal *a* oder *i*. Als Vokalisationstypen findet man (sortiert nach der Häufigkeit des Vorkommens):

(a,i)	*faʕa / yifʕi*
(i,a)	*fiʕi / yifʕa*
(a,a)	*faʕa / yifʕa*
(i,i)	*fiʕi / yifʕi*.

Der erste Typ (a,i) ist bei weitem der häufigste, Beispiele für ihn sind: *ḥaka / yiḥki* „sprechen, erzählen", *maša / yimši* „laufen", *rama / yirmi* „werfen", *bana / yibni* „bauen", *ṭafa / yiṭfi* „ausmachen".

(i,a) ist deutlich seltener, Beispiele: *nisi / yinsa* „vergessen", *ġili / yiġla* „kochen, sieden, ansteigen (Preise)".

(a,a) ist sehr selten, aber doch mit einigen häufig benutzten Verben belegt: *qara / yiqra* „lesen", *bada / yibda* „beginnen".

(i,i) ist nur durch ein Verb belegt: *diri / yidri* „wissen". Manche Dialekte flektieren auch das oben bereits erwähnte *ġili* im Imperfekt als *yiġli*.

Bei Verben, die im Perfekt vom *a*-Typ sind, taucht in der 2. und 1. Person ein langes *ē* vor der Endung auf, bei Verben vom *i*-Typ ein langes *ī*:

Perfekt	*a*-Typ *ḥaka* „sprechen“	*i*-Typ *diri* „wissen“
Sg. 3. m.	*ḥaka*	*diri*
f.	*ḥakat*	*diryit, diryat*
2. m.	*ḥakēt*	*drīt*
f.	*ḥakēti*	*drīti*
1. c.	*ḥakēt*	*drīt*
Pl. 3. c.	*ḥaku*	*diryu, diru*
2. c.	*ḥakētu*	*drītu*
1. c.	*ḥakēna*	*drīna*
Subjunktiv	*i*-Typ *rama* „werfen“	*a*-Typ *qara* „lesen“
Sg. 3. m.	*yirmi*	*yiqra*
f.	*tirmi*	*tiqra*
2. m.	*tirmi*	*tiqra*
f.	*tirmi*	*tiqri*
1. c.	*armi*	*aqra*
Pl. 3. c.	*yirmu*	*yiqru*
2. c.	*tirmu*	*tiqru*
1. c.	*nirmi*	*niqra*
Imperfekt		
Sg. 3. m.	*birmi*	*biqra*
f.	*btirmi*	*btiqra*
2. m.	*btirmi*	*btiqra*
f.	*btirmi*	*btiqri*
1. c.	*barmi*	*baqra*
Pl. 3. c.	*birmu*	*biqru*
2. c.	*btirmu*	*btiqru*
1. c.	*mnirmi*	*mniqra*

Die Imperative lauten für den Imperfekt *i*-Typ: *irmi* , *irmi* , *irmu* und für den *a*-Typ *iqra* , *iqri* , *iqru.* Beim *i*-Typ fällt also im Singular die maskuline und feminine Form zusammen.

Die Partizipien werden einheitlich für alle Typen gebildet nach
rāmi , *rāmye* , *rāmyīn* , *rāmyāt* und *marmi* , *marmiyye* , *marmiyyīn* , *marmiyyāt.*

§ 43: Verba primae infirmae

Im Perfekt unterscheidet sich die Flexion der Verba primae infirmae in nichts vom starken Verb. Es gibt einen *a*-Typ und einen *i*-Typ, beispielsweise *waṣaf* „beschreiben (jm; etw)" und *wiqiʕ* „fallen". Zu den Einzelheiten der Flektion siehe Tafel VIII, Spalten 3-5.

Im Imperfekt gibt es lediglich einen *i*-Typ und einen *a*-Typ, ein *u*-Typ taucht nicht auf. Auch ein (i,i)-Typ ist nicht belegt, wir haben deshalb lediglich einen (a,a), einen (a,i) und einen (i,a)-Typ.

Die meisten Verben werden auch im Imperfekt „stark" flektiert, mit der kleinen Einschränkung, dass die Kombination *iw* zu *ū* assimiliert wird. *waṣaf* ist beispielsweise vom (a,i) Typ, und das Imperfekt lautet *yūṣif* < *yiwṣif*. Ebenso gehört zu diesem Typ *waʕad / yūʕid* „versprechen". Man beachte, dass die 1. Ps. des Subjunktivs völlig regelgerecht *awṣif* bzw. *awʕid* lautet.

Im (a,a)-Typ haben wir ebenfalls stark flektiert zum Beispiel *waǧaʕ / yūǧaʕ* < *yiwǧaʕ* „schmerzen (jn)" (*baṭni būǧaʕni* „ich habe Bauchweh"), *waqaf / yūqaf* „halten, anhalten".

Zum (i,a)-Typ gehören *wiṣil / yūṣal* < *yiwṣal* „ankommen", *wilid / yūlad* „geboren werden".

Neben den stark gebildeten Formen gibt es aber auch eine kleine Zahl von Verben vom (i,a) oder (a,a)-Typ, die im Imperfekt den schwachen Radikal vollständig verlieren und deshalb auf den ersten Blick wirken, als wären sie zu „kurz" geraten, z. B. *wirit / yirat* „erben", *wiqiʕ / yiqaʕ* „fallen". Zu den Einzelheiten der Flektion siehe wieder Tafel VIII, Spalte 5. Taucht ein solches Verb in einem Text im Imperfekt auf, bedarf es einigen Scharfsinns, um zu erkennen, dass man das Wort im Wörterbuch unter W zu suchen hat.

Bei manchen Verben ist es so, dass sie je nach Dialekt stark oder schwach gebildet werden, beispielsweise findet man im Imperfekt sowohl *būram* als auch *biram* zu *wirim* „anschwellen", sowie *būṣal* als auch *biṣal* zu *wiṣil* „ankommen".

Die Imperative und die Partizipien werden in allen Fällen völlig regelmäßig gemäß unseren allgemeinen Regeln gebildet, also etwa *ūʕid (ūʕdi, ūʕdu)* „versprich!", *iqaʕ (iqaʕi, iqaʕu)* „falle!", *wāʕid (wāʕde, wāʕdīn)* „versprechend", *mawʕūd (mawʕūde, mawʕūdīn)* „versprochen".

Alle Beispiele, die wir bisher gesehen haben, waren vom Typ Primae W. Das ist kein Zufall, denn es existiert nur ein einziges Verb primae Y: *yibis / yības* „fest oder trocken werden". Es wird völlig stark flektiert, Genaueres siehe Tafel VIII, Spalte 6. Geläufig ist sein Partizip Aktiv *yābis* „trocken, dürr".

§ 44: Mehrfach schwache Verben

Einige wenige Verben haben mehrere schwache Radikale. Es tauchen Fälle auf mit schwachem ersten und dritten Radikal, sowie mit schwachem zweiten und dritten Radikal. Der erste Fall ist seltener. Diese Verben werden vorne behandelt wie Primae infirmae und hinten wie Tertiae infirmae. Das einzig recht gebräuchliche Verb dieser Kategorie ist *wiʕi / yūʕa* oder *yiʕa* „sich hüten, sich in Acht nehmen". Der Imperativ wird bei diesem Verb abweichend von der regulären Form *ūʕa (ūʕi, ūʕu)* meist gebildet nach *awʕa (awʕi, awʕu)*, zuweilen auch *ōʕa (ōʕi, ōʕu)*.

Häufiger sind die Verba mediae + tertiae infirmae. Bei ihnen wird der mittlere Radikal stark behandelt, und damit werden diese Verben genau wie die Tertiae infirmae flektiert. Beispiele: *ḍawa / yiḍwi* „anzünden, anmachen (etw)", *riwi / yirwa* „sich satt trinken, seinen Durst stillen", *ʕawa / yiʕwi* „bellen", *ʕiyi / yiʕya* „krank werden", *kawa / yikwi* „bügeln (etw)", *hiwi / yihwa* „lieben, mögen (jn, etw)". Auch Imperativ und Partizipien werden genau wie bei den Verba tertiae infirmae gebildet, etwa *iḍwi* „zünde an", *ḍāwi* „anzündend", *maḍwi* „erleuchtet".

LEKTION 16 / *id-dars is-siṭṭaʕš*

§ 45: Die Verben *akal* und *axad*

akal „essen“ und *axad* „nehmen“ sind Verba primae Hamze (ʔ). Da Hamze sowieso phonemisch geschwächt ist, man könnte ʔ auch als „halbstark“ bezeichnen, entsprechen einige Formen dieser Verben nicht dem Paradigma des starken Verbs. Während das Perfekt noch völlig regulär nach *akal, aklat, akalt* usw. gebildet wird, erscheint im Subjunktiv vorne statt des Hamze ein Langvokal: *yākul, tākul, tākul, tākli, ākul, yāklu, tāklu, nākul.* Entsprechend lautet der Indikativ *byākul, btākul, btākul, btākli, bākul, byāklu, btāklu, mnākul.*

In der 3. Person kann dabei das *y* entfallen, also *bākul* ~ *byākul.* In diesem Fall ist die dritte Person mit der ersten identisch: *bākul* „ich esse“ oder „er isst“.

Weiter wird bei diesen beiden Wörtern im Imperfekt in allen Formen der Basisvokal häufig zu *o* gesenkt: *b(y)ākol, b(y)āxod, btākol, btāxod* usw. Diese Senkung des Basisvokals ist ein spezifisch städtisches Phänomen und findet sich in manchen Stadtdialekten auch bei anderen Verben, wo man etwa statt *yuṭlub* oder *yimsik yuṭlob* bzw. *yimsek* spricht.

Beim Imperativ mask. Sg. finden sich je nach Dialekt und Sprecher gleich drei verschiedene Formen: meist *kul,* seltener *kūl, kōl* „iss!“, ebenso *xud,* seltener *xūd, xōd* „nimm!“. Die Feminin- und Pluralformen sind jedoch stets eindeutig *kuli, xudi, kulu, xudu.*

Völlig regelwidrig wird das Partizip Aktiv gebildet: *mākil, mākle, māklīn* bzw. *māxid, māxde, māxdīn.* Manche Sprecher haben bei diesen Wörtern auch eine extreme Imala: *mēkil, mēkle, mēklīn* und *mēxid, mēxde, mēxdīn.* Ähnlich wie bei *šārib* wird das Partizip in der Regel mit Perfektbedeutung benutzt: *ana mākil* „ich habe gegessen“ (= „ich möchte jetzt nichts mehr essen, ich bin satt“).

Auch beim Partizip Passiv gehen verschiedene Dialektformen munter durcheinander. Für den maskulinen Sg. finden sich beispielsweise (Feminin und Plural entsprechend): *maʔkūl, mākūl, mawkūl, mēkūl* bzw. *maʔxūd, māxūd, mawxūd, mēxūd.* Sie können sich eine beliebige Form davon merken, sie sind ohnehin selten genug. Sie sollten nur nicht den Fehler begehen, eines dieser Wörter im Wörterbuch unter M zu suchen. Das komplette Paradigma steht in Tafel VIII, Spalte 2.

§ 46: Verba mediae geminatae im Grundstamm

Einen Sonderfall der starken Verben bilden jene, deren 2. und 3. Radikal identisch ist. Im Perfekt und im Imperfekt steht niemals ein Vokal zwischen den identischen Radikalen, so dass er stets verdoppelt auftritt. Wir nennen diese Verben deshalb geminierte Verben oder Verba mediae geminatae. Der Basisvokal steht statt vor dem dritten bereits vor dem zweiten Radikal. 3 Typen treten auf

(a,u) = *u*-Typ	*ḥaṭṭ* / *yḥuṭṭ*	„setzen, stellen, legen“
(a,i) = *i*-Typ	*ḥabb* / *yḥibb*	„lieben, mögen“
(a,a) = *a*-Typ	*ḍall* / *yḍall*	„bleiben, dabei bleiben etw. zu tun“.

Im Perfekt haben die geminierten Verben, von der 3. Ps. mask. Sg. abgesehen, dieselben Flexionsendungen wie die Verba tertiae infirmae:

ḥaṭṭ , *ḥaṭṭat* , *ḥaṭṭēt* , *ḥaṭṭēti* , *ḥaṭṭēt* , *ḥaṭṭu* , *ḥaṭṭētu* , *ḥaṭṭēna*.

Die Subjunktivpräfixe sind dieselben wie bei den Mediae infirmae:

yḥuṭṭ , *tḥuṭṭ* , *tḥuṭṭ* , *tḥuṭṭi* , *aḥuṭṭ* , *yḥuṭṭu* , *tḥuṭṭu* , *nḥuṭṭ*.

Folglich lautet das Imperfekt:

biḥuṭṭ , *bitḥuṭṭ* , *bitḥuṭṭ* , *bitḥuṭṭi* , *baḥuṭṭ* , *biḥuṭṭu* , *bitḥuṭṭu* , *minḥuṭṭ*.

Die Imperative lauten regelgerecht *ḥuṭṭ* , *ḥuṭṭi* , *ḥuṭṭu*.

Allein bei den Partizipien kommt es in manchen Formen zur Aufspaltung der identischen Radikale:

Aktiv : *ḥāṭiṭ* , *ḥāṭṭa* , *ḥāṭṭīn* , *ḥāṭṭāt*
Passiv : *maḥṭūṭ* , *maḥṭūṭa* , *maḥṭūṭīn* , *maḥṭūṭāt*.

Geminierte Verben sind keine Seltenheit. Folgende Vertreter dieser Klasse begegnen einem des öfteren:

u-Typ: *ḥaṭṭ* / *yḥuṭṭ* „setzen, stellen, legen“, *ḥakk* / *yḥukk* „sich kratzen; kratzen (jn *la*), kratzen (jm *la;* ein Körperteil)“, *xašš* / *yxušš* „betreten, eintreten“, *daqq / yduqq* „klopfen, anklopfen“, *radd / yrudd* „antworten, gehorchen“, *šaxx / yšuxx* „pinkeln, urinieren“, *ṣabb / yṣubb* „eingießen, gießen (auf *ʕala*)“, *faṣṣ / yfuṣṣ* „furzen“, *marr / ymurr* „vorbeigehen (an *ʕan*), durchqueren, passieren (etw *min*)“, *naṭṭ / ynuṭṭ* „springen“.

i-Typ: *ḥabb / yḥibb* „lieben, mögen“, *ḥass / yḥiss* „fühlen, empfinden“ *(baḥiss ḥāli taʕbān* „ich fühle mich müde“*)*, *ḥall / yḥill* „lösen, losbinden“, *šamm / yšimm* „riechen, schnuppern“, *ʕadd / yʕidd* „zählen“, *laff / yliff* „abbiegen, herumgehen; drehen (Zigarette)“, *lamm / ylimm* „sammeln, einsammeln“, *madd / ymidd* „ausstrecken, lang machen (etw)“.

a-Typ: *ḍall / yḍall* „bleiben, dabei bleiben etw. zu tun“ ist das einzige Beispiel für einen *a*-Typ.

Wie gesagt gehören die geminierten Verben nicht zu den schwachen Verben, sondern sind ein Sonderfall des starken Verbs. Wir wollen an dieser Stelle noch der naheliegenden Frage nachgehen, ob auch andere Radikale beim starken Verb identisch sein können:

Dass erster und zweiter Radikal gleich sind, kommt beim Verb im Grundstamm überhaupt nicht vor, wohl aber in einigen lautmalerischen Wörtern im III. Stamm, beispielsweise *kāka / ykāki* „krähen“, *lāla / ylāli* „neu sein, blinken, funkeln“). Auch beim Nomen tritt Identität von erstem und zweitem Radikal höchstens in einigen Fremdwörtern oder lautmalerischen Wörtern auf, etwa *titin* „Tabak“, *wāwi* „Fuchs; Schakal“.

Auch die Gleichheit von erstem und drittem Radikal ist beim Verb äußerst selten, z.B. bei den lautmalerischen Verben *qaraq / yuqruq* „glucken (Henne), quaken (Frosch)“, *qaʕaq / yiqʕaq* „krächzen“, *nān / ynīn* „ächzen, stöhnen“ oder bei *qiliq / yiqlaq* „besorgt sein“. Beim Nomen taucht die Identität von erstem und drittem Radikal öfter auf, bei Lehnwörtern, aber auch bei ererbten Wörtern: *bāb* „Tür“, *taḥt* „unter“, *taxt* „Bett“, *tūt* „Maulbeeren“, *talāte* „drei“, *ǧāǧ* „Hühner“, *xōx* „Pfirsiche“, *dūd* „Raupe, Wurm, Made“, *sūs* „Süßholz“, *ʕurš* „Wurzel; Ader“, *ṣūṣ* „Küken“, *kišk* „Trockenquark“, *kaʕk* „Kuchen, Keks“, *lēl* „Nacht“. Von manchen dieser Nomen gibt es denominale Verbbildungen in höheren Stämmen.

§ 47: Vierradikalige Verben

Das vierradikale Verb wird nach dem Muster *faʕlal / yfaʕlil* flektiert. Beispiele: *tarǧam / ytarǧim* „übersetzen“, *marǧaḥ / ymarǧiḥ* „schaukeln, wiegen (jn)“, *barṭal / ybarṭil* „bestechen“. Wie man an diesen Beispielen sieht, bedeutet die Konvention der arabischen Grammatiker, den Morphemtyp des vierradikaligen Verbs mit *faʕlal* zu bezeichnen, keineswegs, dass dritter und vierter Radikal identisch sind. Das ist sogar nur selten der Fall (Beispiele siehe unten). Häufig jedoch sind erster und dritter sowie zweiter und vierter Radikal identisch, die sogenannten „reduplizierten" Wurzeln, etwa *lamlam / ylamlim* „zusammensammeln", *ḥakḥak / yḥakḥik* „sich intensiv kratzen", *zaḥzaḥ / yzaḥziḥ* „losreißen (jn; von *min*). Meist wird durch die Reduplikation eine Iteration oder Intensivierung der Handlung ausgedrückt. Oft ist sie auch lautmalerisch wie *baxbax / ybaxbix* „fauchen". Flektiert werden vierradikalige Verben folgendermaßen:

Perfekt	Subjunktiv	Imperfekt	Imperativ	Part. Aktiv	Part. Passiv
tarǧam	*ytarǧim*	*bitarǧim*			
tarǧamat	*ttarǧim*	*bittarǧim*			
tarǧamt	*ttarǧim*	*bittarǧim*	*tarǧim*	*mtarǧim*	*mtarǧam*
tarǧamti	*ttar*^{i}*ǧmi*	*bittar*^{i}*ǧmi*	*tar*^{i}*ǧmi*	*mtar*^{i}*ǧme*	*mtarǧame*
tarǧamt	*atarǧim*	*batarǧim*			
tarǧamu	*ytar*^{i}*ǧmu*	*bitar*^{i}*ǧmu*			
tarǧamtu	*ttar*^{i}*ǧmu*	*bittar*^{i}*ǧmu*	*tar*^{i}*ǧmu*	*mtar*^{i}*ǧmīn*	*mtarǧamīn*
tarǧamna	*ntarǧim*	*mintarǧim*			

Oft sind vierradikalige Verben von Fremdwörtern abgeleitet wie *gazdar / ygazdir* „spazierengehen, flanieren" (türk. gezdirmek), *banšar / ybanšir* „fertig auf den Reifen sein" (engl. puncture). Dabei können auch schwache Radikale auftreten: *bōdar / ybōdir* „pudern, schminken" (engl. powder), *dēwan / ydēwin* „auf dem Dīwān sitzen". Schwache Radikale an der ersten und dritten Position werden stark behandelt: *wašwaš / ywašwiš* „flüstern", *yarġal / yyarġil* „auf dem Dudelsack = *yarġūl* spielen", *šaxwar / yšaxwir* „schnarchen", *malyan / ymalyin* „Millionär werden". Ist der schwache Radikal an der vierten Stelle, wird das Verb flektiert wie die Verba tertiae infirmae: *ṭaʕma / yṭaʕmi* „zu essen geben (jm; etw)", *farǧa / yfarǧi* „zeigen (jm; etw dir. Obj. oder *ʕala*). Zu den Einzelheiten der Flektion siehe Tafel XIII.

Wörter mit gleichem Radikal drei und vier sind sehr selten: *barqūq* „Pflaumen", *trakk* „Lastwagen (engl. truck)", *drill* „Bohrer (engl. drill)", *zaʕbūbe* „Schnabel bzw. Tülle eines Kruges", *zaʕrūr* „Weißdorn", *zaġlūl* „junge Tauben" und von derselben Wurzel ein einziges Verb: *zaġlal / yzaġlil* „flimmern (die Augen)".

LEKTION 17 / *id-dars is-sabaʕṭaʕš*

§ 48: Der Elativ (die Steigerungsform)

Der Elativ ist die Steigerungsform des Adjektivs und wird nach dem Morphemtyp *afʕal* gebildet. Er kann sowohl Komparativ- als auch Superlativbedeutung haben. In der deutschen Grammatik bezeichnet der Elativ lediglich den „absoluten Superlativ", also die höchste Steigerungsstufe ohne vergleichende Komponente im Gegensatz zum „relativen Superlativ". Er wird im Deutschen durch adverbielle Umschreibungen wie „überaus, äußerst" und ähnliches ausgedrückt. Man vergleiche beispielsweise die Ausdrücke „größer" (Komparativ), „über alle Maßen groß, größt" (absoluter Superlativ) und „am größten" (relativer Superlativ). Der Begriff Elativ in der arabischen Grammatik meint alle diese Steigerungsformen. Gebildet wird er aus den Radikalen des Adjektivs nach dem Typ *afʕal,* ganz egal, von welchem Morphemtyp das Ausgangsadjektiv ist. Beispiele:

kbīr	„groß"	*akbar*	„größer, größt, am größten"
bārid	„kalt"	*abrad*	„kälter, kältest, am kältesten"
ṣaʕb	„schwierig"	*aṣʕab*	„schwieriger, schwierigst, am schwierigsten"
wisix	„schmutzig"	*awsax*	„schmutziger, schmutzigst, am schmutzigsten"
ṭayyib	„gut"	*aṭyab*	„besser, best, am besten"
ṭawīl	„lang"	*aṭwal*	„länger, längst, am längsten"
ġāli	„teuer"	*aġla*	„teurer, teuerst, am teuersten"
ḥilu	„schön"	*aḥla*	„schöner, schönst, am schönsten".

Adjektive primae und mediae infirmae werden bei der Elativbildung stark behandelt, wie obige Beispiele *wisix* – *awsax* und *ṭawīl* – *aṭwal* zeigen. Adjektive tertiae infirmae haben im Elativ ein *-a* als Auslaut (das bei Anhängung eines Suffixes gelängt wird), vgl. oben *ġāli* – *aġla* und *ḥilu* – *aḥla.*

Bemerkungen: Der Elativ zu *mnīḥ* ~ *mlīḥ* „gut" lautet suppletiv (wie im Deutschen!) *aḥsan* „besser, best, am besten".

Der Name *Aḥmad* lässt sich als Steigerungsform zum Namen *Mḥammad* interpretieren.

Bei Adjektiven von Wurzeln mediae geminatae fällt der Vokal zwischen dem verdoppelten Radikal aus und steht dafür vor der Geminate:

qalīl	„wenig"	*aqall*	„weniger, wenigst, am wenigsten"
ḥārr	„heiß, scharf"	*aḥarr*	„heißer, heißest, am heißesten".

Bei einigen Adjektiven hört man gelegentlich aber auch starke Bildungen, etwa *ağdad* zu *ğdīd* „neu" oder *axfaf* zu *xafīf* „leicht". Die regulären Formen *ağadd* und *axaff* sind aber auch möglich.

Bemerkung: Viele Städter dissimilieren die beiden Hamze von *aqall,* indem sie das anlautende Hamze als *h* sprechen: *haqall.* Ebenso wird *aqullak* > *haqullak* „ich möchte dir sagen, dass ich dir sage".

Manchmal wäre die Elativform zweideutig. In diesem Fall – oder auch bei Adjektiven mit mehr als drei Konsonanten – wird oft kein Elativ gebildet, sondern die Steigerungsform mit Hilfe eines nachgestellten *aktar* umschrieben:

mabṣūṭ aktar	„zufriedener"
taʕbān aktar	„müder"
mistaʕğil aktar	„mehr in Eile".

Der Elativ wird folgendermaßen benutzt:

a) In Verbindung mit *min* als Komparativ:

sayyārti aḥla min sayyārtak	„mein Auto ist schöner als deines"
Nāblis abʕad min Rāmaḷḷa	„Nablus ist weiter entfernt als Ramallah"
axūy akbar minni	„mein Bruder ist älter als ich".

Ist aus dem vorher Gesagten das Vergleichsobjekt klar, so kann *min* fehlen:

sayyārtak ḥilwe bass sayyārti aḥla [min sayyārtak] „dein Auto ist schön, aber meines ist schöner"

Sīma šāṭra bass Maryam ašṭar [minha] „Sima ist tüchtig, aber Maria ist tüchtiger"

hāt ḥabl aṭwal [min hāda l-ḥabl] „gib ein längeres Seil her".

b) Vor einem indeterminierten Nomen im Singular hat der Elativ die Bedeutung eines absoluten Superlativs:

asraʕ sayyāra	„das schnellste Auto" (*sarīʕ* „schnell")
ašṭar walad	„der klügste Junge".

c) Vor einem determinierten Nomen im Plural bezeichnet er den eingeschränkten Superlativ aus einer bestimmten Menge:

aḥsan l-ᶦwlād	„der beste der Knaben“
aʕla ǧbāl Falasṭīn	„der höchste Berg Palästinas“
ašṭarhum	„der klügste von ihnen“.

d) Als adjektivisches Attribut kann der Elativ sowohl Komparativ- als auch Superlativbedeutung haben:

l-ᶦbyūt il-akbar	„die größeren / größten Häuser“
il-banāt il-ašṭar	„die klügeren / klügsten Mädchen“
is-sayyārāt il-asraʕ	„die schnelleren / schnellsten Autos“.

Das Nomen kann auch fehlen:

iḥna [z-zlām] il-aqwa	„wir sind die stärkeren / stärksten“ (zu *qawi* „stark“).

§ 49: Admirativformel

Die Admirativformel ist ein Ausdruck oder Ausruf der Bewunderung oder negativen Verwunderung. Sie wird gebildet nach dem Typ *mā afʕal* + determiniertes Nomen oder suffigiertes Personalpronomen:

mā akbar il-bēt	„wie groß das Haus doch ist!“	zu *kbīr* „groß“
mā ahbal il-bint = *mā ahbalha*	„wie dumm das Mädchen doch ist!“	zu *habīle* „dumm“
mā aḥsano	„wie nett er doch ist!“	zu *ḥasan* „schön, gut, freundlich“
mā aḥlāha	„wie schön sie doch ist!“	zu *ḥilᶦw* „schön“
mā akramo	„wie gütig er doch ist!“	zu *karīm* „ehrwürdig, freigiebig“
mā atyasak	„wie blöd du doch bist!“	zu *tēs* „Ziegenbock“ (= Schimpfwort)
mā aṭyabha	„wie gut sie doch ist!“	zu *ṭayyib* „gut“
mā azkā	„wie lecker es doch ist!“	zu *zāki* „lecker“.

§ 50: Farben und körperliche Gebrechen

Auch Farben und körperliche Gebrechen werden nach dem Morphemtyp *afʕal* gebildet. Dieser Morphemtyp steht jedoch nur beim maskulinen Singular. Beim femininen Singular steht *faʕla* und beim Plural *fuʕᵘl*:

mask.	fem.	Plural	
aḥmar	*ḥamra*	*ḥumᵘr*	„rot“
axḍar	*xaḍra*	*xuḍᵘr*	„grün“
azraq	*zarqa*	*zurᵘq*	„blau“
aṣfar	*ṣafra*	*ṣufᵘr*	„gelb“
asmar	*samra*	*sumᵘr*	„dunkelbraun, schwarz“
ašqar	*šaqra*	*šuqᵘr*	„blond“
aswad	*sōda*	*sūd*	„schwarz“
abyaḍ	*bēḍa*	*bīḍ*	„weiß“.

Bei den körperlichen Gebrechen treten im Plural zuweilen Varianten nach *fuʕlān* auf:

aṭraš	*ṭarša*	*ṭurᵘš, ṭuršān*	„taub, schwerhörig“
aʕraǧ	*ʕarǧa*	*ʕurᵘǧ, ʕurǧān*	„hinkend, lahm“
axras	*xarsa*	*xursān*	„stumm“
aṣlaʕ	*ṣalʕa*	*ṣulᵘʕ*	„kahlköpfig, haarlos“
ahbal	*habla*	*hubᵘl*	„dumm, blöd“
ahwaš	*hōša*	*hūš*	„ungeschickt, schusselig“
aʕma	*ʕamya*	*ʕumi, ʕumyān*	„blind“.

Anmerkung: Manche Dialekte benutzen im maskulinen Singular *ifʕal* statt *afʕal* für Farben und körperliche Gebrechen.

LEKTION 18 / *id-dars it-tamanṭaʕš*

§ 51: Der II. Stamm

Der II. Verbstamm wird gebildet durch Verdopplung des mittleren Radikals:

faʕʕal / yfaʕʕil

Anders als beim Grundstamm gibt es keine Varianten in der Vokalisation sondern nur ein einziges Paradigma. Beispiel *kassar / ykassir* „zerbrechen, kaputt machen (etw)“ siehe Tafel VII Spalte 1.

Verba primae und mediae infirmae werden stark flektiert, z.B. *waṣṣal / ywaṣṣil* „hinbringen“, *rawwaḥ / yrawwiḥ* „zurückgehen“. Auch die Verba primae Hamze und die geminierten Verben werden wie das starke Verb behandelt: *ağğal / yʔağğil* „verzögern (etw)“, *ḥaddad / yḥaddid* „festlegen, eingrenzen“. Die geminierten Verben haben im II. Stamm jedoch die Besonderheit, dass das kurze *i* in der Endsilbe niemals ausfällt, da sonst die Form vom Grundstamm nicht mehr zu unterscheiden wäre, vgl. Tafel IX, Spalte 1.

Die Verba tertiae infirmae haben im II. Stamm den mittleren Radikal verdoppelt aber ansonsten genau dieselben Flexionssuffixe und -präfixe wie im Grundstamm, vgl. *ʕadda / yʕaddi* „überqueren (etw.)“ Tafel XI, Spalte I.

Der zweite Stamm ist sehr häufig. Es gibt aber nicht zu jedem Verb, das im Grundstamm belegt ist, einen II. Stamm. Umgekehrt gilt aber ebenso nicht, dass ein Verb, welches im II. Stamm belegt ist, auch im Grundstamm existiert.

Ursprünglich hatten die arabischen Verbstämme bestimmte semantische Funktionen, die aber im Verlauf der Sprachgeschichte verlorengegangen sind. Beim II. Stamm kann man diese alten Funktionen häufig noch ablesen und mitunter sind sie auch noch produktiv. Die Funktionen des zweiten Stammes sind:

a) faktitiv („machen, dass etwas geschieht“): *barrad / ybarrid* „kalt machen, kühlen“ zu *bārid* „kalt“, *ḥabbal / yḥabbil* „schwängern“ zu *ḥible* „schwanger“, *ʕallam / yʕallim* „wissen machen = lehren“ zu *ʕilim* „wissen“. Die faktitive

Bedeutung erklärt, dass Verben, die im Grundstamm intransitiv sind, im II. Stamm transitiv werden, etwa *wiqif* „stehen, anhalten", aber *waqqaf* „zum Stehen bringen, anhalten (etw)". Einfach transitive Verben können im II. Stamm doppelt transitiv werden: *fihim* „verstehen (etw)", *fahham* „verständlich machen, erklären (jm; etw)", beispielsweise *fahhamtkum il-mawḍūʕ [iyyā]* „ich habe euch das Thema [es] erklärt".

b) iterativ: *ḥammal / yḥammil* „mehrfach hochheben = beladen" zu *ḥamal* „aufheben, tragen", *qaṭṭaʕ / yqaṭṭiʕ* „in Stücke schneiden" zu *qaṭaʕ* „abschneiden".

c) intensiv: *qattal / yqattil* „niedermetzeln" zu *qatal* „töten".

d) deklarativ: *kazzab / ykazzib* „für einen Lügner erklären" zu *kazzāb* „Lügner".

e) denominal: *sallam / ysallim* „*salām* sagen = grüßen", *šammal / yšammil* „nach Norden = *šmāl* gehen".

f) Verbbildung zu Fremdwörtern: *ballaš / yballiš* „beginnen" zu türkisch „başlamak".

Zu den Verben des II. Stamms wird einheitlich ein Verbalsubstantiv vom Morphemtyp *tafʕīl* oder *tifʕīl* gebildet, beispielsweise *taftīš* „Durchsuchung" zu *fattaš* „durchsuchen", *tisrīx* „Kreischen, Gekreische" zu *sarrax* „kreischen". Bei Verba tertiae infirmae lautet die Endung des Verbalsubstantivs auf *-ā, -āy* oder *-āye,* beispielweise lautet das Verbalsubstantiv zu *waffa / ywaffi* „vollständig machen" *tiwfā, tiwfāy* oder *tiwfāye* bzw. *tawfā* usw.

Die Partizipien der höheren Stämme werden durch Vorstellung eines Präfixes *m-* vor die Imperfektbasis gebildet (beginnt die Imperfektbasis mit Doppelkonsonanz, so lautet das Partizipialpräfix *mu-* oder *mi-*). Beim Partizip Aktiv lautet der Basisvokal *i,* beim Partizip Passiv *a.* Im II. Stamm sehen die Formen beispielsweise zu *kassar / ykassir* „zerbrechen" so aus:

Part. Akt.	Sg.	m.	*mkassir*	Part. Pass.	Sg.	m.	*mkassar*
		f.	*mkassra*			f.	*mkassara*
	Pl.	c.	*mkassrīn*		Pl.	c.	*mkassarīn*
			„zerbrechend"				„zerbrochen"

Ein rein femininer Plural auf *-āt* ist wie stets ebenfalls möglich.

§ 52: Morphemtyp *-ēlla*

Eine ganze Reihe von Fremdwörtern und fremden Namen sind vom Palästinensisch-Arabischen mit der Endung *-ēlla* adaptiert worden. Eine Auswahl dieser eher italienisch klingenden Wörter sei hier als kleine Abwechslung vom harten Grammatik-Alltag aufgeführt:

bāzēlla	„Erbsen“
ġōrēlla	„Gorilla“
karamēlla	„Karamelle“
fānēlla	„Vanille“
vēlla	„Villa“
martadēlla	„Wurst“
trēlla	„Lastwagen mit offener Ladefläche, Anhänger“
Bani Zwēlla	„Venezuela“
Mandēlla	„Mandela“
Afdēlla	Familienname.

Sofern diese Begriffe keine männlichen Lebewesen bezeichnen, werden sie als Feminina konstruiert (auch *ġōrēlla* ist weiblich, das Gorillamännchen heißt *zakar il-ġōrēlla*).

§ 53: Kongruenz des Adjektivs II (Fortsetzung zu § 13)

Im Singular kongruiert das Adjektiv sowohl bei Personen als auch bei Sachen im Genus und im Numerus:

zalame muḥtaram	„ein ehrenwerter Mann“
mara muḥtarame	„eine ehrenwerte Frau“ (das Wort wird in Briefen benutzt, wie unser „sehr geehrter ...“)
bēt wāsiʕ	„ein geräumiges Haus“
ġurfe wāsʕa	„ein geräumiges Zimmer“.

Beim Plural von Personen kann stets der maskuline Plural stehen, sind ausdrücklich nur Frauen gemeint, so kann auch der feminine Plural stehen:

zlām muḥtaramīn	„ehrenwerte Männer“
niswān muḥtaramīn	„ehrenwerte Frauen“

auch:	*niswān muḥtaramāt*	
ebenso:	*banāt šāṭrīn / šāṭrāt*	„tüchtige Mädchen“.

Beim Plural von Sachen – egal welchen Geschlechts – kann stets der feminine Singular stehen:

byūt wāsʕa	„geräumige Häuser“
ġuraf wāsʕa	„geräumige Zimmer“.

Davon abweichend hört man gelegentlich auch feminine Pluralformen beim Adjektiv zu Sachen, selbst wenn die Sache im Singular grammatikalisch maskulin ist:

l-ⁱʕǧāl xarbānāt	„die Reifen sind kaputt“ (Sg. *ʕağal* „Reifen“)
ǧbāl ʕālyāt	„hohe Berge“ (Sg. *ǧabal* „Berg“).

Analog dazu können auch rückbezügliche Fürwörter im femininen Singular oder im Plural stehen:

l-ⁱbrēkāt biddhum / biddha taġyīr „die Bremsen müssen erneuert werden“ (*brēk* „Bremse“, *taġyīr* Verbalsubstantiv zu *ġayyar / yġayyir* „wechseln, austauschen, ersetzen“).

Viele Adjektive vom Typ *fʕīl* haben einen lexikalischen Plural vom Typ *fʕāl:*

ǧdīd / ǧdād	„neu“
nḍīf / nḍāf	„sauber“
kbīr / kbār	„groß“
zġīr / zġār	„klein“
mlīḥ / mlāḥ	„gut“
qalīl / qlāl	„wenig“.

Oft existiert der lexikalische Plural neben dem regelmäßigen Plural: *ktīr / ktār, ktīrīn* „viel“. Er kann sowohl bei Maskulina als auch bei Feminina stehen:

wlād zġār	„kleine Knaben“
banāt kbār	„große Mädchen“.

Gelegentlich steht er auch bei Sachen:

	alwāḥ nḍāf	„saubere Tafeln“ (*lōḥ* „Tafel, Brett“)
dagegen	*mustašfayāt ǧdīde*	„neue Krankenhäuser“ (Sg. *mustašfa*).

Besonders verwirrend ist die Situation bei Kollektivbegriffen. Manchmal werden sie als maskuliner Singular konstruiert

siǧǧād īrāni	„persische Teppiche" (Nomen unitatis *siǧǧāde,* Pl. *saǧāǧīd*)
šaʕr ṭawīl	„langes Haar" (Nomen unitatis *šaʕra,* Pl. *šaʕrāt*)
nās ⁱktīr	„viele Leute"

mitunter auch als femininer Singular

xēl mlīḥa	„gute Pferde"
nās faqīre	„arme Leute"

meist jedoch sinngemäß als Plural

in-nās il-mārqīn	„die Vorübergehenden" (*maraq / yumruq* „vorbeigehen, vorübergen, durchqueren").

Die Verbkongruenz gehorcht denselben Gesetzmäßigkeiten bzw. Nicht-Gesetzmäßigkeiten wie die Kongruenz der Adjektive. Der einzige Unterschied ist, dass beim Verbum keine femininen Pluralformen existieren, dass also zum Plural die gemeinsame Pluralform des Verbs gestellt wird oder der feminine Singular.

LEKTION 19 / *id-dars it-tisaʕṭaʕš*

§ 54: Silbentypologie

Silben beginnen stets mit einem oder zwei Konsonanten. Sie können vokalisch oder konsonantisch enden. Folgende Silbentypen treten auf:

Kurze Silben Kv , KKv. Beispiele: *ma-ra, ka-tab, šta-ġal.*

Einfach geschlossene Silben mit Kurzvokal KvK , KKvK. Beispiele *kat-bat, btuṭ-bux.*

Doppelt geschlossene (= geschärfte) Silben mit Kurzvokal KvKK , KKvKK. Beispiele *šuft, ka-tabt, šribt, xlund* („Maulwurf").

Dreifach geschlossene Silben mit Kurzvokal KvKKK , KKvKKK. Beispiele: *mā ka-tabt(^{i})š, mā smiʕt(^{i})š.*

Offene Silben mit Langvokal Kv̄ , KKv̄. Beispiele: *bā-kul, ḍa-ra-bū, ġā-li, nğā-bat* („sie wurde gebracht").

Einfach geschlossene Silben mit Langvokal Kv̄K , KKv̄K. Beispiele: *šāf, ṭāl-be, blād, kbār.*

Doppelt geschlossene Silben mit Langvokal Kv̄KK , KKv̄KK. Beispiele: *nērs* „Krankenschwester", *ba-rūḥ^{i}š* „ich gehe nicht" (vgl. S. 62 zu dieser Form), *ṭnāʕš* (Variante von *ṭnaʕš* „zwölf").

Hilfsvokale verändern die Silbenstruktur nicht, also *btuṭbux* hat dieselbe Silbenstruktur wie *^{i}btuṭbux* und *buṭ^{u}bxu* dieselbe wie *buṭb(u)xu.*

Das Verneinungssuffix ist häufig für mehrfach geschlossene Silben verantwortlich, bei dreifach geschlossenen Silben finden sich keine anderen Beispiele.

In Liaison gelesene Wörter bilden eine Lauteinheit, in der die Silben über die Wortgrenze verlaufen können, z.B. *ma-dīn-t‿il-Quds* „die Stadt Jerusalem", *mā šuft-š‿iz-za-la-me* „ich sah den Mann nicht".

§ 55: Akzent

Zur Formulierung der Akzentregeln unterscheiden wir drei Silbentypen:

1. Kurze Silben: (K)Kv.
2. Halblange Silben = Einfach geschlossene Silben mit Kurzvokal: (K)KvK.
3. Lange Silben = Alle anderen vorkommenden Silbentypen, also alle Silben mit Langvokal oder mehrfach geschlossene Silben.

Damit lässt sich die Akzentregel folgendermaßen formulieren:

Ist die letzte Silbe lang, so wird sie betont: *ḍa-ra-bū́*, *ka-tábt*.

Ist die letzte Silbe nicht lang, so wird bei zweisilbigen Wörtern die erste Silbe betont: *ká-tab*, *šā́y-fe*.

Ist die letzte Silbe nicht lang, so wird bei drei- oder mehrsilbigen Wörtern die vorletzte Silbe betont, falls sie halblang oder lang ist: *ṣā-ḥíb-ha*, *a-bū́-ki*

Ist bei drei- oder mehrsilbigen Wörtern weder die letzte Silbe lang, noch die vorletzte Silbe lang oder halblang, so wird die drittletzte Silbe betont: *ḍá-ra-bak*, *štá-ġa-lu*.

Der Wortton kann also niemals weiter als bis zur drittletzten Silbe vorrücken: *fah-há-ma-to* „sie gab ihm zu verstehen“, *aʕ-ǧá-ba-to* „sie gefiel ihm“ (*aʕǧab* / *yiʕǧib* „gefallen“). Dies trifft allerdings nicht für alle Stadtdialekte im palästinensischen Raum zu. In il-Xalīl (Hebron) beispielsweise kann der Wortton sogar auf die viertletzte Silbe vorrücken, wenn das Wort aus lauter kurzen Silben besteht: *sá-ma-ka-to* „sein Fisch“ (coll. *samak*, nom. un. *samake*, Pl. *samakāt* „Fisch“).

Kurze Präpositionen und andere Partikel, die in Liaison gerne mit dem folgenden Wort verschmelzen, ziehen in der Regel den Wortton nicht auf sich, sondern lassen den Ton dort, wo er ohne Partikel wäre. Zu diesen Partikeln gehören z.B. der Artikel *il-*, die Konjunktion *w-*, *fi* „in“, *b-* „in, mittels“, *ʕa* „nach“, *la* „für“, *ta-* „bis“. Beispiele: *il-ábu*, *w-ká-tab*, *fi sá-ne*, *la má-ra*, *ʕa Ḥá-ma*, *ta-ḍá-rab*.

Übung 1: Versehen Sie den folgenden Text mit Betonungszeichen:

w-iza biʕrafūš inglīzi ana bāxod ^{i}*mtarğim maʕi.* ^{i}*ṣḥābi il-ʕarab ṣāru yqūlū-li: lēš inti mā btud*^{u}*rsi ʕarabi? fil-awwal fakkart atʕallam ʕarabi fuṣḥa baʕdēn šuft inno aḥsan atʕallam ʕarabi dāriğ.* (Text entnommen aus Halloun, Lehrbuch Bd. 2, S. 29).

Übung 2: Versehen Sie alle Formen der Tafel VI (Grundstamm des starken Verbs) mit Betonungszeichen.

§ 56: Die Silbenregel: Ausfall unbetonter Kurzvokale *i* und *u* in kurzen Silben (siehe auch § 26)

Wir hatten uns im Zusammenhang mit dem Status Constructus schon einmal mit dem Phänomen ausfallender *i*'s und *u*'s beschäftigt. Wir hatten uns damals mit der Behelfsregel begnügt: „Endet ein Wort auf vK (Vokal Konsonant) und ist v *i* oder *u,* so verschwindet der Vokal bei Antritt eines vokalisch anlautenden Suffixes, und er bleibt erhalten (und erhält sogar den Wortton) bei Antritt eines konsonantisch anlautenden Suffixes." Nun, da wir die Struktur der Silben und die Gesetzmäßigkeiten des Akzents kennengelernt haben, können wir die Behelfsregel vergessen und formulieren stattdessen die allgemeinere Regel:

i und *u* in kurzen, unbetonten Silben fallen aus.

Die Silbe muss kurz sein, also vom Typ (K)Kv mit v = *i* oder *u,* und sie darf nicht betont sein, dann wird der Kurzvokal elidiert. Nicht betroffen sind kurze Endsilben, da die Kurzvokale darin in Wirklichkeit kurz realisierte Langvokale sind (vgl. § 32). Durch den Vokalausfall können Konsonantencluster entstehen (...KKK...), die durch einen Hilfsvokal nach den bekannten Regeln aufgesprengt werden können (...K^{i}KK...). Diese Hilfsvokale verändern Silbenstruktur und Akzent nicht, d.h. der durch einen Hilfsvokal umgeformte Ausdruck hat dieselbe Silbenstruktur und denselben Akzent wie die Ausgangsform. Beispiele:

Zu *buṭbux* = *búṭ-bux* „er kocht" wird der Plural „sie kochen" durch Anhängen von *-u* gebildet: **buṭbux-u.* Dessen Silbenstruktur ist **búṭ-bu-xu.* Das mittlere *u* ist dabei durch den morphologischen Wandel in eine kurze, unbetonte Silbe geraten. Also fällt es aus: *búṭb-xu.* Der hierdurch entstandene Konsonantencluster wird durch einen Hilfsvokal aufgesprengt: *búṭ*^{u}*b-xu* = *buṭ*^{u}*bxu.*

Zu *ṣā́-ḥib* „Freund" bildet man „sein Freund" durch Anhängen des Suffixes *-o:* **ṣā́-ḥi-bo.* Das *i* ist in eine kurze, unbetonte Silbe geraten, also fällt es aus: *ṣā́ḥ-bo = ṣāḥbo.*

libis = li-bis „er zog sich an" hat die Betonung auf der ersten Silbe, deshalb fällt das *i* nicht aus, obwohl die erste Silbe kurz ist. Bildet man jedoch die 1. Person „ich zog mich an" durch Anhängen von *-t,* so entsteht **libis-t = *li-bíst,* das seinen Ton auf der letzten Silbe hat, da sie doppelt geschlossen ist. Also fällt nun das *i* der ersten Silbe aus, und es entsteht das einsilbige *lbíst,* dessen Aussprache durch fakultative Hilfsvokale erleichtert werden kann: *ⁱlbísⁱt.*

Das Hocharabische kennt solch einen Vokalausfall nicht, wohl aber das Aramäische. Damit steht das Palästinensisch-Arabische bezüglich seiner Silbenstruktur dem Aramäischen näher als dem Hocharabischen. Das ist kein Zufall, denn das Gebiet Palästinas war ja vor der arabischen Eroberung aramäischsprachig. Als die Einheimischen vom Aramäischen zum Arabischen übergingen, übertrugen sie in der Aussprache den Ausfall der Kurzvokale vom Aramäischen auf das Arabische. Dieses Phänomen ist also dem aramäischen Substrat (wörtl.: darunterliegende Schicht) oder der aramäischen Substratsprache geschuldet, wie man in der Linguistik sagt.

Übung 1: Schauen Sie sich die Formen der Tafel VI (Grundstamm des starken Verbs) an und erklären Sie sie mit Hilfe der Silbenregel.

Übung 2: Schauen Sie sich die mit *i* vokalisierten Formen der Tafel XV (Verb mit Akkusativ-Suffixen) an und erklären Sie sie mit Hilfe der Silbenregel.

LEKTION 20 / *id-dars il-ʕišrīn*

§ 57: Ausnahmen von der Silbenregel

Mitunter begegnet einem *i* oder *u* in kurzen unbetonten Silben, was der Silbenregel zu widersprechen scheint. Doch stets lässt sich dafür eine plausible Erklärung finden. Beispiele:

- Beim kurzen Vokal handelt es sich in Wirklichkeit phonemisch um einen Langvokal, der im Vorton gekürzt wurde. Dieser Fall liegt etwa vor bei *hu-nā́k* „dort", was aus *hōn* „hier" durch Anfügung des Suffixes für die fernere Deixis *-āk* entstanden ist: *hōnāk*. Gemäß unserer Regeln für Langvokale im Vorton (§ 28) wurde das lange *ō* zu *u* gekürzt: *hunāk*.
- Der Kurzvokal ist erst in sprachgeschichtlich jüngerer Zeit aus *a* entstanden. Diesen Fall haben wir im Ortsnamen *Ği-nī́n* „Jenin". Der Ort hieß zu der Zeit, als die Kurzvokale ausfielen noch *Ğanīn*. Da das *a* nicht in die Silbenregel einbezogen ist, blieb es erhalten. In jüngerer Zeit wurde dann *a* > *i*.
- Es handelt sich um eine hocharabische Entlehnung oder um die hocharabische Aussprache des Worts, etwa *mu-lū́k* „Könige", *ği-bā́l* „Berge".

Das kurze unbetonte Präfix *bi-* bei Verben, deren Imperfektbasis mit Einfachkonsonanz beginnt, etwa *bi-rū́ḥ* „er geht", *bi-ráw-wiḥ* „er geht heim", lässt sich folgendermaßen erklären: Die Form entsteht aus dem Subjunktiv *yrūḥ, yrawwiḥ* durch Voranstellung des Indikativpräfixes *b-: byrūḥ, byrawwiḥ*. Die Dreifachkonsonanz am Wortanfang wird aufgespalten *bⁱyrūḥ, bⁱyrawwiḥ*. Es ist also *bi* = *bⁱy* in Wirklichkeit eine geschlossene Silbe oder Resultat eines im Vorton gekürzten Langvokals *bī* = *bⁱy* je nach Betrachtungsweise.

Schließlich sei nochmals daran erinnert, dass im II. Stamm der Verba mediae geminatae das *i* in kurzen unbetonten Silben nicht ausfällt, da sonst der II. Stamm nicht mehr vom Grundstamm zu unterscheiden wäre: *biğaddidu* = *bi-ğád-di-du* „sie erneuern".

§ 58: Ausfall des Kurzvokals *a*

Im Gegensatz zu *i* und *u* ist *a* in kurzen unbetonten Silben relativ stabil. Man spricht deshalb nach Cantineau (1899 – 1956) von einem „differentiellen" Dialekt, weil er einen Unterschied zwischen *i, u* auf der einen Seite und *a* auf der anderen Seite macht. Das Palästinensisch-Arabische ist nicht streng differentiell, manchmal fällt das *a* in kurzen unbetonten Silben aus, z.B. in der Kette -KaKaKat-: **katabat* > *katbat* „sie schrieb", **tabaʕat* > *tabʕat* (Genitivexponent feminin Singular, vgl. § 62).

Beim Morphemtyp **faʕīl* fällt das *a* manchmal aus, meist aber ist es stabil. Eine Gesetzmäßigkeit dafür konnte noch nicht gefunden werden. Es heißt z.B. *kbīr* < **kabīr* „groß", *ktīr* < **kaṯīr* „viel", *zġīr* < **ṣaġīr* „klein", aber *faqīr* „arm", *qadīm* „alt", *rabīʕ* „Frühling", *ṭawīl* „lang", *ḥalīb* „Milch".

Ansonsten bleibt das *a* in kurzen unbetonten Silben meist erhalten. Der Dialekt von il-Xalīl (Hebron) zeichnet sich vor allen anderen palästinensischen Stadtdialekten dadurch aus, dass kurzes *a* niemals ausfällt, es heißt dort beispielsweise *katabat* „sie schrieb" und *katabato* „sie schrieb ihn".

§ 59: Hilfsvokale II (Fortsetzung zu § 10)

Wir rekapitulieren nochmals, was wir in § 10 bereits über Hilfsvokale gelernt haben:

Entstehen durch den Ausfall von Kurzvokalen Cluster von drei oder mehr Konsonanten, so wird diese Konsonantenanhäufung -KKK- meist durch Einfügen eines Hilfsvokals vor dem zweiten Konsonanten von hinten her aufgesprengt: -K^{i}KK- *(buk^{u}tbu)*. Wertet man die Sprechpause # als Konsonant, so beschreibt diese Regel auch das Aufsprengen von Doppelkonsonanz im Auslaut eines Wortes -K^{i}K# *(katab^{i}t)* sowie den Sproßvokal vor Doppelkonsonanz im Anlaut #^{i}KK- *(^{i}kbīr)*. Hilfsvokale verändern die Silbenstruktur des zugrundeliegenden Wortes nicht und sind nie betont, sie verändern also insbesondere den Wortton nicht.

Wird mit Liaison gesprochen und folgt auf ein Wort mit Doppelkonsonanz im Auslaut ein vokalisch anlautendes Wort, so liegt selbstverständlich kein Konsonantencluster und damit auch keine Notwendigkeit zur Aufsprengung der

Doppelkonsonanz vor. Beispielsweise wird *fataḥt il-bab* gesprochen *fa-taḥ-til-bāb* und wir haben nirgends einen Konsonantencluster, es muß also *fataḥt* nicht zu *fataḥ*^{i}*t* aufgesprengt werden.

Der Hilfsvokal lautet meist ^{i}, in „*u*-coloring environment" (Blanc 1926–1984) auch ^{u}, selten ^{a}. Er ist im allgemeinen recht deutlich artikuliert und nicht zentralisiert, deshalb verzichtet man im Palästinensisch-Arabischen auf das Symbol des Schwa-Lautes ^{ə}, das beispielsweise im Libanesischen und im Syrisch-Arabischen für den Hilfsvokal verwendet wird.

Ist man sich nicht sicher, ob ein unbetonter Vokal in einem Wort Hilfsvokal oder Vollvokal ist, so läßt man den Sprecher eine Form bilden, in der ein Vollvokal den Ton annehmen müsste, bleibt der Vokal auch in dieser neuen Form unbetont, so weiß man, dass es sich um einen Hilfsvokal handelt. Betrachten wir als Beispiel hierzu das Wort für „Sohn": Muss man es *ibin* oder *ib*^{i}*n* transkribieren? „Ihr Sohn" wäre bei erster Transkription *ibínha* betont, bei zweiter *íb*^{i}*nha*. Da die Sprecher das erste *i* betonen ist *ib*^{i}*n* die richtige Transkription.

§ 60: Pausalformen

Eine charakteristische Eigenschaft der Stadtdialekte im syrisch-palästinensischen Raum ist die mitunter auftretende Pausaldehnung. Sie besteht darin, dass vor Sprechpausen der Vokal der unbetonten Endsilbe gelängt und gesenkt wird. Selbst Hilfsvokale können davon betroffen sein und sehr lang werden. Beispiele: *aswaaad#* „schwarz", *ʕasaaal* „Honig", *maleeeek* „König", *buḍroooob* „er schlägt", *xub*^{oooo}*z* „Brot", *saṭ*^{eeee}*ḥ* „Dach". Diese Pausaldehnung tritt auf beim lebhaften Erzählen, beim Rufen, seltener im normalen Gespräch. In il-Xalīl (Hebron) ist sie durch eine zusätzliche Nasalierung besonders charakteristisch, was den Einwohnern dieser Stadt eine Menge Spott beschert.

§ 61: III. Stamm

Das Charakteristikum des III. Stammes ist die Längung des vorderen Vokals:

fāʕal / yfāʕil

Zur Flektion siehe Tafel VII. Der III. Stamm bezeichnete ursprünglich eine zielgerichtete Handlung, beispielsweise *qātal / yqātil* „das Töten zum Ziel haben = kämpfen“ zum Grundstamm *qatal / yuqtul* „töten“. Doch ist diese alte semantische Funktion häufig nicht mehr zu erkennen. Gebräuchliche starke Verben im III. Stamm sind

bārak / ybārik	„segnen (jn, etw *fi*)“
sāfar / ysāfir	„reisen“
sāmaḥ / ysāmiḥ	„verzeihen (jm)“
fāṣal / yfāṣil	„feilschen, handeln“
ʕāmal / yʕāmil	„behandeln (jn)“.

Verba primae und mediae infirmae werden stark flektiert:

wāfaq / ywāfiq	„zustimmen (zu etw *ʕala*)“
ğāwab / yğāwib	„beantworten (jm; etw *ʕala*)“
ḥāwal / yḥāwil	„versuchen“.

Verba tertiae infirmae werden wie im Grundstamm-Typ (a,i) flektiert (vgl. *bana / yibni*):

nāda / ynādi	„rufen (nach jm *ʕala*)“
dāwa / ydāwi	„behandeln, heilen (jn)“
lāqa / ylāqi	„finden (etw)“.

Geminierte Verben treten im III. Stamm nicht auf.

Das Partizip Aktiv mask. Sg. wird gebildet nach *mfāʕil*, das Partizip Passiv nach *mfāʕal*. Beispiele: *msāfir* „reisend, auf Reisen, verreist“, *msāmaḥ* „verziehen“.

Ein Verbalsubstantiv wird häufig nach dem Typ *mfāʕale* gebildet, beispielsweise

mfāṣale	„Feilschen“
mʕāmale	„Behandlung“.

§ 62: Der Genitivexponent

Der Genitivexponent dient dazu, einen Genitiv aufzunehmen (Nomen oder Personalpronomen) und ermöglicht dadurch größere syntaktische Freiheiten. Er drückt Zugehörigkeit aus und wird attributiv oder appositionell zum Nomen gestellt. Mask. lautet er *tabaʕ*, fem. *tabʕat*, Pl. *tabaʕūn* (rein fem. auch *tabʕāt*).

Beispiele:

il-bēt tabaʕi = *bēti* „mein Haus“
l-^{i}byūt tabaʕūnna = *byūtna* „unsere Häuser“
is-sayyāra tabʕato = *sayyārto* „sein Auto“
il-arḍ tabʕat wāldi = *arḍ wāldi* „das Land meines Vaters“
hayy tabaʕha = *hayy ilha* „das ist ihres“
(dabei drückt *ilha* mehr Besitz und *tabaʕha* mehr Zugehörigkeit aus)
ġurfit in-nōm tabʕatak „dein Schlafzimmer“.

Im letzten Beispiel kann man die Zugehörigkeit gar nicht anders ausdrücken, da das Leitwort einer Genitivverbindung kein Suffix haben kann (es sei aber hier nicht verschwiegen, dass solche Konstruktionen wie *ġurftak in-nōm* mitunter auch vorkommen).

Sinnvoll ist der Genitivexponent auch bei Genitivverbindungen, die mit einem attributiven Adjektiv verbunden sind, beispielsweise *bāb il-bēt l-^{i}kbīr*. Das könnte sowohl heißen „die Tür des großen Hauses“ als auch „die große Tür des Hauses“. Eindeutig wird der Ausdruck durch die Umschreibung *il-bāb tabaʕ il-bēt l-^{i}kbīr* bzw. *il-bāb l-^{i}kbīr tabaʕ il-bēt*.

Zur Flektion des Genitivexponenten siehe auch Tafel III.

LEKTION 21 / *id-dars il-wāḥad w-ʕišrīn*

§ 63: IV. Stamm

Der IV. Stamm wird im Perfekt mit der Vorsilbe *a-* gebildet:

afʕal / yifʕil

Seine Bedeutung ist häufig kausativ („jn. oder etw. veranlassen, dass die durch den Grundstamm bezeichnete Handlung geschieht“). Meist sind die Verben im IV. Stamm transitiv. Beispiele:

ṭiliʕ / yiṭlaʕ	„weggehen, hochgehen“	*aṭlaʕ / yiṭliʕ*	„heraufholen (jn, etw)“
tiʕib / yitʕab	„müde werden“	*atʕab / yitʕib*	„ermüden (jn)“
šibiʕ / yišbaʕ	„satt werden“	*ašbaʕ / yišbiʕ*	„sättigen (jn)“.

Zur Flektion siehe Tafel VII.

Verben, die sich auf das Wetter oder die Tageszeit beziehen, stehen gerne im IV. Stamm: *abraq* blitzen“, *atlağ* „schneien“, *arʕad* „donnern“, *aṣbaḥ* „Morgen werden“, *aḍhar* „Mittag werden“, *aʕṣar* „Nachmittag werden“, *aġrab* „Abend werden“, *aʕtam* „dunkel werden“. Benutzt werden diese Verben meist resultativ mit unpersönlichem *id-dinya* „es“, wörtl. „die Welt“: *aʕtamat id-dinya* „es ist dunkel (geworden)“, *atlağat id-dinya* „es hat geschneit = es liegt Schnee“.

Zwei weitere, häufig benutzte starke Verben im IV. Stamm sind

aʕğab / yiʕğib	„gefallen (jm)“
afṭar / yifṭir	„frühstücken“.

Das Palästinensisch-Arabische unterscheidet sich durch das häufige Vorkommen von Verben im IV. Stamm deutlich von den benachbarten syrischen und libanesischen Dialekten, in denen der IV. Stamm nur noch rudimentär nachweisbar ist und dessen Funktion dort vom II. Stamm übernommen wurde.

Geminierte Verben im IV. Stamm sind marginal. Im Perfekt entfällt bei ihnen die Vorsilbe *a-*, da sie in einer offenen Silbe stehen bleibt. Dadurch erhält der IV. Stamm die Gestalt eines Grundstamms vom (a,i)-Typ. Man betrachte etwa:

Grundstamm *farr / yfurr* „umherstreifen, umherziehen"
IV. Stamm *farr / yfirr* „fliehen, entkommen".

Bei Verba primae W wird anlautendes *aw-* zu *ō* monophthongisiert:

ōǧah / yōǧih „(näher)kommen, gewahr werden (einer Sache, jds *ʕala*)"
ōqad / yōqid „anzünden, unterhalten (Feuer, Feuerstelle)".

Mitunter hört man aber auch an das Hocharabische angelehnte Formen mit Diphthong:

awʕad / yūʕid „versprechen (jm; etw *fi*)".

Das einzige Verb primae Y *yibis / yības* „fest, hart, trocken werden" ist im IV. Stamm nicht belegt. Gäbe es die Form müsste sie jedenfalls *ēbas (< aybas) / yībis* lauten.

Bei den Verba mediae infirmae entfällt wie bei den Verba mediae geminatae die offene Vorsilbe *a-*, wodurch der IV. Stamm aussieht wie ein Grundstamm vom (a,i)-Typ. Beispiele:

Grundstamm	*qām / yqūm*	„aufstehen"	*dār / ydūr*	„herumgehen, sich drehen"
IV. Stamm	*qām / yqīm*	„aufrichten"	*dār / ydīr*	„wenden, leiten; gießen".

Flektiert wird der IV. Stamm wie der Grundstamm vom (a,i)-Typ, etwa wie *ǧāb / yǧīb*.

Verba tertiae infirmae werden im IV. Stamm flektiert wie der (a,i)-Typ im Grundstamm:

aḥka / yiḥki „sprechen" (selbe Bedeutung und Verwendung wie Grundstamm *ḥaka / yiḥki*)
asqa / yisqi „zu trinken geben (jm), wässern (etw)".

Die Partizipien werden gebildet nach *mufʕil* bzw. *mufʕal*, beispielsweise aktiv *mutʕib* „ermüdend, mühselig", *mumkin* „möglich", *muslim* „muslimisch, Muslim" und passiv *mufrad* „einzeln", *muḥbaṭ* „frustriert". Manche Sprecher verwenden statt des Präfixes *mu-* auch *mi-*. Partizipialbildungen können sich lexikalisch stets verselbstständigen, oft ist das zugehörige Verb gar nicht mehr gebräuchlich. Dies gilt z.B. für die ursprünglich passiven Partizipien *muṭraḥ* „Ort, Platz, Stelle" und *muṣḥaf* „Koranexemplar".

Verbalsubstantive werden zum IV. Stamm häufig nach dem Typ *ifʕāl* gebildet, beispielsweise *ikrām* „Ehrerweisung", *ishāl* „Durchfall", *iḥsān* „Wohltat".

Anmerkung: Manche Dialekte benutzen als Präfix des IV. Stamms generell *i-* statt *a-*, etwa *iḥka* / *yiḥki* „sprechen".

§ 64: Berufsbezeichnungen *faʕʕāl* und -*ǧi*

Der Morphemtyp *faʕʕāl* wird gerne benutzt, um jemanden oder etwas zu bezeichnen, der oder das eine Tätigkeit professionell oder intensiv verrichtet. Viele Berufsbezeichnungen gehören dazu (nach dem Schrägstrich steht der Plural):

baḥḥār / -a	Seemann (zu *baḥr* Meer)
barrād, tallāǧe	Kühlschrank, Kühltruhe (zu *bard* Kälte und *talǧ* Eis)
bayyāʕ / -īn, -a	Verkäufer, Händler (zu *bāʕ / ybīʕ* verkaufen)
ǧabbār / -īn	Gewaltherrscher, Unterdrücker, Tyrann (zu *ǧabar / yiǧbir* zwingen, nötigen)
ǧaddād / -īn	Erntearbeiter (durch Herunterschlagen der Früchte; zu *ǧadd / yǧidd* ernten)
ǧallād / -īn	Auspeitscher; Henker, Scharfrichter (zu *ǧalad / yiǧlid* peitschen)
ǧammāl / -īn, -e	Kamelbesitzer, Kameltransportunternehmer (zu *ǧamal* Kamel)
ḥaǧǧār / -a	Steinbrecher (zu *ḥaǧar* Stein)
ḥaddād / -īn	Schmied (zu *ḥadīd* Eisen)
ḥaššāš / -īn	Mäher, Senser, Grassammler; Haschischraucher (zu *ḥašīš* Gras)
ḥaṭṭāb / -īn	Holzsammler, Holzhauer, Holzverkäufer (zu *ḥaṭab* Holz)
ḥallāq / -īn	Friseur, Barbier (zu *ḥalaq / yuḥluq* rasieren)
xabbāz / -īn	Bäcker (zu *xubz* Brot)
xaddām / -īn	Diener, Bediensteter (zu *xadam / yixdim* dienen)
xayyāṭ / -īn	Schneider (zu *xayyaṭ / yxayyiṭ* nähen, *xēṭ* Faden)
xayyāl / -īn, -e	Reiter (zu *xēl* Pferd)
dahhān / -īn	Anstreicher, Maler (zu *dahan / yidhan* anstreichen)
rassām / īn	Zeichner, Maler (zu *rasam / yursum* zeichnen)
zabbāl / -īn, -e	Straßenreiniger, Müllmann (zu *zbāle* Abfall)
sarrāq / -īn	(professioneller) Dieb (zu *saraq / yisriq* stehlen)

sammāk / -īn	Fischer, Fischhändler (zu *samak* Fisch)
sammān / -īn	Lebensmittelhändler (zu *samn* Butterschmalz)
sayyāra / -āt	Auto (zu *sār / ysīr* laufen, fahren)
šaḥḥād / -īn	Bettler (zu *šaḥad / yišḥad* betteln)
ṣayyād / -īn	Jäger (zu *ṣād / yṣīd* erjagen, *ṣēd* Jagd)
ṭabbāx / -īn	Koch (zu *ṭabax / yuṭbux* kochen)
ṭayyāra / -āt	Flugzeug (zu *ṭār / yṭīr* fliegen)
ʕaṭṭār / -īn	Parfümhändler, Drogist (zu *ʕuṭr* Parfüm)
ʕammāl / -īn	Arbeitender, Arbeiter (zu *ʕamal* Arbeit)
ġaššāš / -īn	Betrüger (zu *ġašš / yġušš* betrügen)
ġammāz / -āt	Blinker (z.B. am Auto; zu *ġamaz / yuġmuz* zwinkern, blinzeln)
ġannām / -e	Kleinviehhalter (zu *ġanam* Kleinvieh)
faxxār / -īn	Töpfer (zu *fuxxār* Töpferware)
farrān / -īn, -e	Bäcker (zu *furn* Ofen)
fallāḥ / -īn	Bauer (zu *falaḥ / yifliḥ* pflügen)
kazzāb / -īn	Lügner (zu *kazab / yikzib* lügen)
kannās / -īn	Straßenkehrer (zu *kannas / ykannis* fegen)
laḥḥām / -īn	Fleischhändler (zu *laḥm* Fleisch)
naǧǧār / -īn	Schreiner (entlehnt aus akkadisch *naggāru*)
naḥḥāl / -īn, -e	Bienenzüchter, Imker (zu *naḥl* Biene).

faʕʕāl kann daneben auch für die Bildung von Adjektiven benutzt werden, die eine intensive – oft schlechte – Eigenschaft bezeichnen, z.B. *baṭṭāl* „schlecht, übel; arbeitslos“, *xawwāḍ* „kämpferisch, draufgängerisch“, *ṭammāʕ* „habgierig“, *fassād* „intrigant, Zwietracht säend“.

Eine rein dialektale Möglichkeit, Berufe und ähnliches zu bezeichnen, besteht durch Anhängen des aus dem Türkischen entlehnten Suffixes *-ǧi*, das eine Person bezeichnet, die sich berufs- oder gewohnheitsmäßig mit der durch den vorstehenden Begriff bezeichneten Tätigkeit beschäftigt. Beispiele:

balṭaǧi	Schläger (zu *balṭa* Beil)
bustanǧi	Gärtner (zu *bustān* Garten)
banšarǧi	Reifenflicker (zu *banšar* Reifenpanne)
bōyaǧi	Schuhputzer (zu *bōya* Schuhcreme)
taktikǧi	Taktierer
ḥakwaǧi	einer, der viel spricht, Schwätzer (zu *ḥaki* Rede)

ḥalawanǧi	Zuckerbäcker, Süßigkeitenhändler (zu *ḥalwa* Süßigkeiten)
xuḍarǧi	Gemüsehändler (zu *xuḍra* Gemüse)
dukkanǧi	Ladenbetreiber (zu *dukkān* Laden)
dēwanǧi	einer, der gerne auf dem Dīwān sitzt und den Leuten Stories erzählt
sufraǧi	Kellner (zu *sufra* Esstisch)
sukarǧi	Säufer, Trunkenbold (zu *sakrān* betrunken)
ṭōbarǧi	Zimmermann (zu pers. *tabar* Axt)
ṭayyarǧi	Pilot (zu *ṭayyāra* Flugzeug)
ʕarabanǧi	Kutscher, Fahrer (zu *ʕarabāye* Karren, Kutsche)
ʕaḍalanǧi	Muskelprotz (zu *ʕaḍal* Muskeln)
qahwa(n)ǧi	Kaffeewirt (zu *qahwe* Kaffee)
karaxanǧi	Hurer, Bordellgänger (zu *karaxāne* Bordell)
kundarǧi	Schuhmacher (zu *kundara* Schuhe)
kahrabǧi	Elektriker (zu *kahraba* Strom)
maxrabanǧi	einer, der alles kaputtmacht (zu *muxrab* kaputtgemacht)
maškalǧi	einer, der Probleme verursacht; Problemkind
maṭʕamǧi	Koch (zu *maṭʕam* Restaurant)
mākinǧi	Maschinenbediener (zu *mākina* Maschine)
makwaǧi	Bügler (zu *mikwa* Bügeleisen)
mōsarǧi	Installateur (zu *māsūra* Rohr)
niswanǧi	Schürzenjäger; einer, der sich weibisch verhält oder kleidet (zu *niswān* Frauen)
hēlamǧi	Trickser, Blender, Täuscher, kleiner Betrüger (zu *hēlame* Täuschung)

LEKTION 22 / *id-dars il-ⁱtnēn w-ʕišrīn*

§ 65: Der V. Stamm

Der V. Stamm ist der Reflexivstamm zum II. Stamm. Er wird gebildet mittels des Reflexivpräfixes *t-:*

tfaʕʕal / yitfaʕʕal

Man beachte: Der Basisvokal ist im Imperfekt nicht *i* (wie im II., III. und IV. Stamm), sondern *a*! Zur Flektion siehe Tafel VII. Beispiele:

Stamm		
II.	*ʕallam / yʕallim*	„lehren“
V.	*tʕallam / yitʕallam*	„sich lehren = lernen“
II.	*šallaḥ / yšalliḥ*	„ausziehen (jn, etw)“
V.	*tšallaḥ / yitšallaḥ*	„sich ausziehen“
II.	*ʕarraf / yʕarrif*	„bekannt machen, vorstellen“
V.	*tʕarraf / yitʕarraf*	„kennenlernen, sich vorstellen“.

Manchmal hat der V. Stamm auch passivische Bedeutung:

II.	*ʕammad / yʕammid*	„taufen (jn)“
V.	*tʕammad / yitʕammad*	„getauft werden“.

Verba mediae geminatae, primae Hamze, primae infirmae und mediae infirmae werden wie das starke Verb behandelt:

II.	*ḥammam / yḥammim*	„baden, waschen (jn, etw)“
V.	*tḥammam / yitḥammam*	„(sich) baden“
II.	*ʔakkad / yʔakkid*	„zusichern, versichern“
V.	*tʔakkad / yitʔakkad*	„sich vergewissern“
II.	*wassax / ywassix*	„beschmutzen (etw)“
V.	*twassax / yitwassax*	„schmutzig sein/werden“
II.	*ǧawwaz / yǧawwiz*	„anverheiraten (jn; jm)“
V.	*tǧawwaz / yitǧawwaz*	„heiraten (jn dir. oder *ʕala*)“.

Verba tertiae infirmae werden flektiert wie ein (a,a)-Typ im Grundstamm (etwa *qara / yiqra* „lesen"). Häufig kommen vor: *txabba / yitxabba* „sich verstecken", *tʕašša / yitʕašša* „zu Abend essen" und *tġadda / yitġadda* „zu Mittag essen". Man beachte auch hier das End-*a* im Subjunktiv.

Da der V. Stamm reflexive oder passivische Bedeutung hat, ist ein Partizip Passiv gänzlich ungebräuchlich. Es wird lediglich ein Partizip Aktiv nach *mitfaʕʕil* gebildet, das meist passivische Bedeutung hat. Häufig vorkommende Partizipien sind: *mitǧawwiz* „verheiratet", *mitʔaxxir* „verspätet, zu spät", *mitrayyiḥ* „entspannt, stabil, solide".

Verbalsubstantive im V. Stamm sind wenig gebräuchlich, oft werden Bildungen aus anderen Stämmen dafür benutzt. Bildungen nach *t(a)faʕʕul* kommen vor, sind aber meist Entlehnungen aus der Hochsprache: *taǧawwul* „Ausgangssperre", *tʕaǧǧub* „Verwunderung", *tanaffus* „Atmen, Atem, Atmung".

§ 66: Der II. Stamm des vierradikaligen Verbs

Das vierradikalige Verb im Grundstamm (vgl. § 47) *faʕlal / yfaʕlil* wird flektiert wie der II. Stamm des dreiradikaligen Verbs, bei dem der verdoppelte mittlere Radikal in zwei Radikale dissimiliert wurde. Es wird analog zum V. Stamm des dreiradikaligen Verbs ein Reflexivstamm des vierradikaligen Verbs gebildet:

tfaʕlal / yitfaʕlal

Manchmal hat er auch passivische Bedeutung. Man nennt diesen Stamm beim vierradikaligen Verb jedoch nicht V. Stamm, sondern II. Stamm, da er der einzige höhere Stamm des vierradikaligen Verbs ist. Zur Flektion siehe Tafel XIII. Nähere Erläuterungen erübrigen sich, da alles wie beim V. Stamm des dreiradikaligen Verbs funktioniert, nur dass eben der mittlere Radikal in zwei Konsonanten dissimiliert ist. Man beachte insbesondere auch hier, dass der Basisvokal im Imperfekt auf *a* und nicht auf *i* lautet.

Beispiele finden sich nicht sehr viele, oft sind es reduplizierte Wurzeln oder denominale Formen von Fremdwörtern:
tbarṭal / yitbarṭal „bestochen werden"
twašwaš / yitwašwaš „untereinander flüstern"
tbōdar / yitbōdar „sich pudern"
tmahza / yitmahza „sich lustig machen".

Wie im V. Stamm auch, wird lediglich ein Partizip Aktiv nach *mitfaʕlil* gebildet. Wenn überhaupt ein Verbalnomen von diesem Stamm gebildet wird, dann nach dem hocharabischen Vorbild nach *t(a)faʕlul,* etwa *tbarṭul* „Bestechlichkeit".

§ 67: Assimilation

Folgt auf ein stimmloses *t* ein stimmhafter oder emphatischer Konsonant oder ein Sibilant, so assimiliert sich das *t* bei schneller Sprechweise an den nachfolgenden Konsonanten. Im einzelnen sind folgende Assimilationen zu beobachten:

tǧ	->	*ǧǧ*	*tǧawwaz*	->	*ǧǧawwaz*	„heiraten"
td	->	*dd*	*biddha tdaššir*	->	*biddha ddaššir*	„sie wird aufgeben"
tz	->	*zz*	*bitzūr*	->	*bizzūr*	„du besuchst"
ts	->	*ss*	*tsayyar*	->	*ssayyar*	„austreten, Stuhlgang haben"
tš	->	*šš*	*biddak* ^{i}*tšūf*	->	*biddak* ^{i}*ššūf*	„du wirst sehen"
tṣ	->	*ṣṣ*	*bitṣīr*	->	*biṣṣīr*	„sie wird"
tḍ	->	*ḍḍ*	*bitḍall*	->	*biḍḍall*	„du bleibst"
tṭ	->	*ṭṭ*	*tṭallaʕ*	->	*ṭṭallaʕ*	„schauen"

Auch wenn *t* an zweiter Stelle ist, finden Assimilationsprozesse statt:

dt	->	*tt*	*šaradt*	->	*šaratt*	„ich floh"
ṭt	->	*ṭṭ*	*rabaṭt*	->	*rabaṭṭ*	„ich band fest"
ḍt	->	*ṭṭ*	*rafaḍt*	->	*rafaṭṭ*	„ich wies zurück"

Ebenso assimilieren sich gerne emphatisches stimmhaftes ʕ, sein stimmloses Gegenstück *ḥ* und das stimmlose, nichtemphatische *h*:

ḥʕ	->	*ʕʕ*	*rāḥ ʕala*	->	*rāʕ ʕala*	„er ging zu"
ʕḥ	->	*ḥḥ*	*simiʕ Ḥasan*	->	*simiḥ Ḥasan*	„er hörte Ḥasan"
ḥh	->	*ḥḥ*	*fataḥha*	->	*fataḥḥa*	„er öffnete sie"
ʕh	->	*ḥḥ*	*maʕha*	->	*maḥḥa*	„zusammen mit ihr"
hʕ	->	*ʕʕ*	*ōǧah ʕala*	->	*ōǧaʕ ʕala*	„er kam nach"
hḥ	->	*ḥḥ*	*tahtah Ḥasan*	->	*tahtaḥ Ḥasan*	„Ḥasan stotterte"

All diese Assimilationen sind linguistisch völlig normale und automatisch ablaufende Prozesse, es ist nicht möglich, ohne abzusetzen beispielsweise ein *t* und ein *d* hintereinander auszusprechen. Wichtig zu wissen ist lediglich, in welche Richtung die zwangsläufige Assimilation verläuft, also ob *td* zu *tt* oder *dd* wird. Obige Beispiele lassen sich folgendermaßen verallgemeinern:

- Ist einer der beiden Konsonanten emphatisch, so wird auch der andere emphatisch.
- Der vordere Konsonant übernimmt die Stimmhaftigkeit bzw. Stimmlosigkeit vom hinteren Konsonanten.
- Folgt auf ein *t* ein Sibilant, so assimiliert sich das *t* an den Sibilanten (die Umkehrung gilt nicht).

Wenn der vordere Konsonant Merkmale des hinteren Konsonanten annimmt, spricht man von regressiver Assimilation. Übernimmt der hintere Konsonant Merkmale des vorderen Konsonanten spricht man von progressiver Assimilation. Im zweiten und im dritten Fall haben wir also regressive Assimilation vorliegen. Die Emphatika im ersten Fall bewirken sowohl regressive als auch progressive Assimilation.

In der Umschrift lassen wir diese natürlichen Assimilationen unberücksichtigt, denn sie sind phonetischer und nicht phonemischer Natur. Manche Autoren notieren konsequent die tatsächliche Aussprache, wir verzichten darauf, um die Morphologie der Worte deutlicher hervortreten zu lassen.

LEKTION 23 / *id-dars it-tlāte w-ʕišrīn*

§ 68: Anredeformen

Die Vokativpartikel lautet *yā*. Sie ist unbetont und verschmilzt zwar gerne mit dem nachfolgenden Wort, ändert aber dessen Wortton nicht. Deshalb wird das lange *ā* in *yā* als Langvokal im Vorton in flüssiger Rede gewöhnlich gekürzt, was aber nicht in der Schrift ausgedrückt wird:
yā Ḥasan „Ḥasan“, *yā Maryam* „Maria“, *yā zalame* „Mann“, *yā bint* „Mädchen“.

Mit vokalisch anlautenden Nomen kann die Vokativpartikel verschmelzen *yaxūy* < *yā axūy* (in manchen Dialekten auch kürzer *yaxi* < *yā axi*) „Bruder“, *yaxti* < *yā uxti* „Schwester“, *yaʕma* < *yā aʕma* „Blinder“, *yal̤l̤a* < *yā Al̤l̤a* „auf geht’s“ (wörtl.: „Gott!“).

Für „Papa“ und „Mama“ haben sich neben *ḅāḅa* und *ṃāṃa* mit dem Vokativpartikel eigentümlich verschmolzene Formen herausgebildet: *yāḅa* (< *yā ḅāḅa*) und *yaṃṃa* (kontaminiert aus *yā ṃāṃa* und *yā ummi*).

Personen werden mit ihrem Namen und vorgestelltem *yā* angeredet (Beispiele siehe oben). Neutrale Anreden sind etwa *yā zalame, yā mara, yā bint, yā walad.* Will man auf die Bildung des Angesprochenen abheben, nennt man ihn *yā ustāz* „Lehrer“. Den Inhaber oder Führer eines Geschäftes spricht man gerne mit *yā mʕallim* „Meister“ an. Die Christen nennen einen Geistlichen *yā abūna* = *yabūna* „unser Vater“.

Einen etwa gleichaltrigen Mann, dessen Name man nicht kennt, kann man freundlich mit *yā axūy* oder *yā axi* bzw. den oben genannten Kurzformen davon ansprechen. Entsprechend eine Frau mit *yā uxti* oder *yaxti.*

Zur nachdrücklichen Anrede wird *wal-* mit Suffix benutzt, etwa *walak!* „du, du da, he du!“.

Einen um ungefähr eine Generation älteren Mann, dessen Name man nicht kennt, redet man freundlich mit *yā ʕammi* „mein Onkel (väterlicherseits)“ an, entsprechend eine Frau *yā ʕammti* „meine Tante (väterlicherseits)“, oder seltener auch mit *yā xālti* „meine Tante (mütterlicherseits)“. Die Vokativpartikel *yā* kann dabei auch fehlen. Interessant ist die scheinbare Verwendung des Suffixes der dritten Person statt der ersten, die man in Ramallah und wohl auch anderswo im Städtisch-Palästinensischen antrifft: *(yā) ʕammo, (yā) ʕammto, (yā) xālo* usw. in der Bedeutung „mein Onkel, meine Tante usw." Vermutlich handelt es sich bei dem Suffix *-o* in der Anrede jedoch nicht um das der dritten Person. Seine genaue Herkunft ist aber noch nicht endgültig geklärt.

Einen um ungefähr zwei Generationen älteren Mann spricht man mit *yā sīdi* „mein Großvater" an, eine Frau mit *yā sitti* „meine Großmutter". Daneben ist als respektvolle Anrede für Alte auch *yā ḥaǧǧ* „Mekkapilger" oder *yā šēx* „Scheich, Ältester" möglich. Auch die femininen Formen davon können bei alten Frauen benutzt werden.

Es gilt das PRINZIP DER UMGEKEHRTEN ANREDE:

Ein älterer Mensch spricht einen jüngeren Menschen mit dem Ausdruck an, mit dem er umgekehrt angesprochen werden möchte. Deshalb redet ein Mann ein jüngeres Mädchen mit *yā ʕammi* an, eine Frau einen jüngeren Mann mit *yā ʕammti*, ein alter Mann ein kleines Kind mit *yā sīdi*, eine alte Frau entsprechend mit *yā sitti*. In der Familie nennt der Vater seine Kinder *ḅāḅa* oder *yāḅa*, die Mutter *ṃāṃa* oder *yaṃṃa*.

Eine respektvolle Anrede vor allem für höhergestellte Personen ist *ḥaḍrit-*, etwa *ḥaḍ*ⁱ*rtak* „Sie", *šū ism ḥad*ⁱ*rto?* „wie heißt er?". *ḥaḍra* heißt wörtlich „Gegenwart, Anwesenheit". Die Anrede verrät großen Respekt und feine Zurückhaltung und trifft deshalb stets auf wohlgefällige Ohren.

Neben der Anrede findet die Vokativpartikel *yā* in zahlreichen Ausrufen Verwendung, z.B. *yā salām!* „um Himmels Willen!", *yā ḥarām!* „Sünde!", *yā laṭīf!* „gütiger (Gott), du meine Güte!", *yā xsāra!* „schade!", *yā suttār!* „potztausend! (wörtl.: Beschützer)" und viele andere mehr. Ein irrealer Wunschsatz kann eingeleitet werden mit *yā rēt* … „oh, wenn doch …", etwa *yā rētni sālim* „wäre ich doch gesund!", *yā rētak axadt* „hättest du doch genommen".

§ 69: Grüße, Dankesbezeigungen, Wünsche und Verwünschungen

GRÜSSE:

Der gewöhnliche, religiöse Gruß, den man immer, auch Christen gegenüber verwenden kann, lautet
is-salāmu ʕalēkum „(Gottes) Heil sei über euch". Die Antwort darauf lautet
w(a)-ʕalēkum is-salām „und auch über euch sei (Gottes) Heil".
Gruß und Antwort können auch im Singular verwendet werden *is-salāmu ʕalēk(i) – w(a)-ʕalēk(i) s-salām,* doch wird der Plural öfter benutzt, selbst wenn nur eine Person angesprochen wird. *wa-* ist dabei die hocharabische Variante von dialektalem *w-* „und", die sich in dieser formelhaften Wendung mitunter erhalten hat. Ebenso ist *salāmu* eine hocharabische Variante von *salām.* Solche altertümlichen Formen oder Varianten tauchen auch in anderen idiomatischen Wendungen auf, ohne dass darauf im Folgenden immer hingewiesen wird. Ebenso wird meist nur der maskuline Singular angeführt, alle Formen können (und müssen) natürlich auch im Femininum und im Plural gebildet werden.

Die bei der jüngeren Generation beliebte Kurzform ist ein schlichtes *salām,* was mit einem
A̤l̤la ysallim ʕalēk beantwortet werden kann, etwa „Grüß Gott" oder „Gott zum Gruße".

Am Vormittag grüßt man gerne mit
ṣabāḥ il-xēr „guten Morgen", was meist mit
ṣabāḥ in-nūr „einen lichtvollen Morgen" oder mit
(A̤l̤la) yisʕid ṣabāḥak „möge er (Gott) deinen Morgen beglücken" beantwortet wird.

In der Tagesmitte kann man sagen
nhārak saʕīd „dein Tag sei glücklich". Als Antwort darauf ist möglich
nhārak saʕīd w-mbārak „dein Tag sei glücklich und gesegnet" oder
yisʕid nhārak „(Gott) möge deinen Tag glücklich machen".

Bereits am frühen Nachmittag sagt man
masa l-xēr „guten Abend" oder *ymassīk bil-xēr* „möge er (Gott) dir einen schönen Abend bereiten".
Antwort:

masa n-nūr „einen lichtvollen Abend“ oder
(Aḷḷa) yisʕid masāk „möge er (Gott) deinen Abend beglücken“.

Schwach und neutral kann stets verwendet werden
marḥaba, was eigentlich „willkommen!“ heißt, aber im Sinne von „Hallo“ verwendet wird. Antwort:
marḥabtēn „zweimal willkommen“.

Einen Arbeitenden grüßt man mit
yaʕṭīk il-ʕāfye „möge er (Gott) dir Schaffenskraft geben“, kurz auch einfach *il-ʕawāf* „Schaffenskraft“.
Der Gegrüßte anwortet darauf
Aḷḷa yʕāfīk „Gott gebe (auch) dir Wohlbefinden“ oder *Aḷḷa yzīdak ʕāfye* „Gott vermehre deine Schaffenskraft“.

Der Willkommensgruß lautet
ahlan wa-sahlan, auch kurz nur *ahlan* oder *ahlēn* oder *yā hala* „Willkommen!“.
Als Antwort dient ein knappes
(ahlan) fīk „auch dir ein Willkommen“ oder *ahlēn* „zweifaches Willkommen“.

Um seiner Freude über einen lange überfälligen Besuch Ausdruck zu verleihen, sagt man
štaqnālak „wir haben dich vermisst“. Antwort: *w-ana aktar* „ich (euch) noch mehr“. Oder überschwänglicher
wēnak, yā zalame! ṭawwalt il-ġēbe „wo hast du gesteckt, Mann. Du bist lange weggewesen (= hast uns lange nicht besucht)“.

Während der Abschiedszeremonie sagt man
xallīna nšūfak „lass uns dich (bald wieder) sehen“. Förmlicher ist
šarraftna (b-wuǧūdak) „du hast uns Ehre erwiesen (durch deine Anwesenheit)“. Antwort: *w-inta kamān* „und auch du“. Wurde man zum allerersten Mal besucht, sagt man gerne noch förmlicher
tšarrafna (b-maʕriftak) „wir sind geehrt (dich kennenzulernen)“. Anwort: *w-ana kamān* „und auch ich“.

Gerne gibt man vor dem Abschied auch Grüße mit, etwa
sallim ʕala abūk „grüße deinen Vater“. Antwort: *Aḷḷa ysallmak* „Gott erhalte dich gesund“ oder *slimt* bzw. *slimt w-ʕišt* „mögest du wohlbehalten sein und leben“.

In der letzten Formel begegnet uns ein Phänomen, das im Folgenden noch einigemale auftaucht: Das Wunschperfekt. Dieser Gebrauch des Perfekts beschränkt sich allerdings auf alte idiomatische Wendungen.

Der Zurückbleibende sagt zum Weggehenden
Aḷḷa maʕak „Gott sei mit dir". Worauf dieser beispielsweise antwortet
Aḷḷa yiḥfaẓak „Gott beschütze dich" oder *Aḷḷa yxallīk* „Gott erhalte dich".
Der Zurückbleibende kann dem Weggehenden den Segenswunsch mitgeben
maʕ is-salāme „(geh) mit Wohlsein". Der antwortet dem Zurückbleibenden
Aḷḷa ysallmak (Pl. *ysallímkum*) „Gott erhalte dich gesund".

Wenn der Weggehende sich zuerst verabschiedet, so tut er dies mit der Formel
ⁱb-xāṭrak (Pl. *ⁱb-xāṭírkum*) „mit deinem Einverständnis", worauf wie oben geantwortet wird:
maʕ is-salāme. Daraufhin sagt der Weggehende wieder
Aḷḷa ysallmak.
Manchmal hört man heutzutage auch, dass der Weggehende *maʕ is-salāme* sagt.

„Gute Nacht" drückt man aus mit
tiṣbaḥ ʕala xēr „mögest du gut in den Morgen eintreten". Antwort:
w-inte min ahlo „und du bist seinesgleichen (nämlich des Guten)".
Es geht auch
lēltak (Pl. *lēlitkum*) *saʕīde* „möge deine Nacht glücklich sein". Antwort:
lēltak saʕīde (w-mbārake) „möge deine Nacht glücklich (und gesegnet) sein".
Kurz kann man sich auch gegenseitig nur ein knappes *saʕīde* „glückliche (Nacht)" wünschen.

Zu Ostern grüßen sich die Christen:
il-masīḥ qām „Christus ist auferstanden". Antwort: *ḥaqqan qām* „wahrhaftig, er ist auferstanden".
Dabei wird sowohl im Gruß als auch in der Antwort das *q* nicht als Hamze *ʔ* ausgesprochen, sondern als uvularer Verschlusslaut wie im Hocharabischen.

Will man ein Privathaus betreten, dessen Türe offen ist, so sollte man, insbesondere als Mann, laut
dastūr! „(mit Ihrer) Erlaubnis" rufen, damit Frauen ihr Kopftuch noch aufsetzen können oder man nicht mit sonst etwas Unschicklichem versehentlich konfrontiert wird.

BITTE UND DANK:

Eine Bitte kann man stets einleiten mit *law samaḥt* „gestatten Sie". Nachdrücklicher ist *tiʕmal maʕrūf* „könnten Sie mir einen Gefallen tun". Inständig ist *batraǧǧāk* „ich bitte Sie nachdrücklich". Man kann die Bitte auch einleiten mit *Aḷḷa yxallīk* … „Gott erhalte dich, (kannst du mir …)".

Um seiner Bereitschaft, einer Bitte zu entsprechen, Ausdruck zu geben, sagt man schlicht *ḥāḍir* „ich bin bereit" (maskuline Form wird auch von Frauen benutzt), *tikram* „aber gerne!", *taḥt amrak* „dein Wort ist mir Befehl" (wörtl.: „ich stehe unter deinem Befehl"), *ʕala ʕēni w-rāsi* „zu Diensten" (wörtl.: auf mein Auge und Haupt) oder kurz nur *ʕala ʕēni* bzw. *ʕala rāsi.*

Eine Bitte gewährt wird mit schlichtem *tfaḍḍal* „bitte schön", was auch ein häufig benutztes Wort ist, um jemanden einzuladen, zu etwas zu ermuntern oder willkommen zu heißen.

Demjenigen, aus dessen Hand man Speise oder Trank erhält, sagt man
yislamu oder *yislamu īdēk* „deine Hände mögen unversehrt bleiben", ebenso
Aḷḷa ysallim īdēk oder kurz *sallim īdēk* „(Gott) möge deine Hände unversehrt erhalten". Als Anwort erhält man darauf beides Mal gewöhnlich:
ṣaḥḥtēn (w-ʕāfye) „wohl bekomm's (und Gesundheit)" oder *ahlēn* „Willkommen!".

Ist die Erweisung der Wohltat noch nicht vollzogen, sondern lediglich die Absicht dazu kundgetan oder die Unmöglichkeit dazu entschuldigend dargelegt, so bedankt man sich für die hehre Absicht mit
tislam „du mögest unversehrt bleiben", was ebenfalls mit *ahlēn* erwidert wird.

Allgemeine Dankesbezeigungen sind
šukran „danke", *aškurak* „ich danke dir" oder *maškūr* „sei gedankt". Antwort: *ʕafwan* oder *il-ʕafu,* was eigentlich „Verzeihung" heißt und hier im Sinne von „keine Ursache, nicht der Rede wert" verwendet wird. Etwa dasselbe bedeutet *wala yhimmak* „mach dir nichts draus, geht schon in Ordnung, don't worry".
Aufwändiger kann man seinen Dank ausdrücken mit:
Aḷḷa yxallīk „Gott erhalte dich", *Aḷḷa yxalli wlādak* „Gott erhalte deine Kinder", *Aḷḷa yxallīlak wlādak* „Gott erhalte dir deine Kinder", sowie Kombinationen daraus, etwa *Aḷḷa yxallīk w-yxallīlak wlādak.*

(Aḷḷa) yṭawwil ʕumrak „Gott verlängere dein Lebensalter“.

(Aḷḷa) yʕawwiḍ ʕalēk „Gott möge (es) dir ersetzen, Gott möge dich entschädigen“ (diese Wendung wird auch gerne benutzt, um jemanden, der nervt, etwa einen Bettler, loszuwerden).

(Aḷḷa) ykattir xērak „Gott vermehre (am Jüngsten Tag) deine guten Taten“.

yixlif, yixlif ʕalēk oder *xalaf Aḷḷa ʕalēk* „Gott vergelt's dir“.

Aḷḷa ybārik fīk „Gott segne dich“.

Aḷḷa yiḥfaẓak „Gott behüte dich“.

Antworten kann man auf all diese Wendungen mit einem schlichten *šukran, ʕafwan, il-ʕafu* oder *ahlēn:* Man kann auch das, was als Objekt genannt war, zurückgeben, also *w-iyyāk, w-wlādak, w-ʕumrak (aṭwal), w-ʕalēk, w-fīk, w-iyyāk.* Man kann auch einfach mit derselben Wendung antworten, schöner noch, indem man sie etwas erweitert, etwa um eine andere Dankesformel, also beispielsweise *Aḷḷa yxallīk w-yxallīlak wlādak* oder *Aḷḷa yṭawwil ʕumrak w-yxallīk* und ähnliches. Oder man nimmt gleich eine andere Formel. Auf *Aḷḷa yxalli wlādak* wird auch gerne geantwortet *Aḷḷa yxalli ḥabāybak* „Gott erhalte deine Lieben“, falls derjenige keine Kinder hat.

Für eine gute Antwort oder Rede bedankt man sich mit
sallim tummak „möge (Gott) deinen Mund heil erhalten“. Damit und mit *sallim ⁱlsānak* „möge (Gott) deine Zunge heil erhalten“ drückt man auch gerne aus: „was du gerade gesagt hast, trifft ins Schwarze“.

WÜNSCHE:

Einem Kranken wünscht man
salāmtak „dein Wohlergehen“, worauf er antwortet *Aḷḷa ysallmak* „Gott gebe (auch) dir Gesundheit“.

Erfährt man vom Tod eines Menschen oder bringt jemand die Rede auf einen Toten, so wünscht man
Aḷḷa yirḥamo „möge sich Gott seiner Erbarmen“. Derjenige, demgegenüber man diesen Wunsch geäußert hat, antwortet darauf: *tʕīš* „mögest du leben“.

Derjenige, der auftischt, wünscht seinem Gast
ṣaḥḥa „Gesundheit“ oder *ṣaḥḥa w-ʕāfye* „Gesundheit und Wohlergehen“ oder *ṣaḥḥtēn* „zweimal Gesundheit“.

Der antwortet darauf ebenfalls mit *ṣaḥḥtēn,* mit einem schlichten *šukran* oder mit dem aus dem Libanon kommenden *ʕa(la) qalbak* „(mögen auch) deinem Herzen/Magen (ähnliche Genüsse beschieden sein)“.

ṣaḥḥa „Gesundheit“ oder *našwe* „Gedeihen“ kann man einem Niesenden wünschen, wobei der Genesungswunsch aber in diesem Falle weitaus seltener als im Deutschen geäußert wird. Wenn überhaupt darauf geantwortet wird, dann am ehesten ein schlichtes *šukran.*

Nach dem Essen wünscht der Bewirtete seinem Gastgeber
sufra dāyme „möge deine Tafel immer so wohl gedeckt sein“. Antwort: *ṣaḥḥtēn (w-ʕāfye)* oder *ahlēn.*

Stellt man seine leergetrunkene Kaffeetasse ab, so sagt man *qahwe dāyme* oder einfach *dāyme* „(mögest du) immer (solch guten Kaffee haben), was ebenso mit *ṣaḥḥtēn* oder *ahlēn* beantwortet wird.

Dem Abreisenden wünscht man *Aḷḷa ysahhil ʕalēk* „Gott ebne deinen Weg“. Antwort ist ein schlichtes *šukran* oder *w-ʕalēk* „und auch dir“.

Kehrt jemand von der Reise zurück, sagt man *il-ḥamdilla ʕas-salāme* „Gott sei Dank für das Wohlbefinden“. Antwort: *Aḷḷa ysallmak* „Gott erhalte dich wohl“.

Wer gerade frisch vom Friseur kommt oder gebadet bzw. geduscht hat, dem wünscht man
naʕīman „möge es wohl bekommen“. Er antwortet: *Aḷḷa yinʕim ʕalēk* „Gott mache es dir angenehm“.

Der, dem Feuer zum Anzünden einer Zigarette gegeben wird, sagt: *yikfīk šarrha* „er (Gott) möge sein (des Höllenfeuers) Böses von dir abwenden“. Der Angesprochene erwidert darauf: *walā tqāsi ḥarrha* „und auch du mögest seine Hitze nicht erdulden“ oder *tislam min ḥarrha* „seine Hitze möge dir nichts zu Leide tun“.

Zu einem Jahresfest (Weihnachten, Fest des Fastenbrechens, Geburtstag, Neujahr u.ä.) wünscht man
kull sane w-inte sālim „möge es dir das ganze Jahr über gut gehen“. Der andere antwortet darauf *w-inte sālim* „möge es auch dir das ganze Jahr über gut gehen“.

Ein schlichter Glückwunsch zu jeder Gelegenheit ist
mabrūk! (verstärkt *alf mabrūk*). Antwort: *Aḷḷa ybārik fīk* „Gott segne dich".

Zur Geburt eines Kindes sagt man
mabrūk (oder *mbārak*) *il-mawlūd* (oder *il-walad, il-bint, mā ağākum*) „Gesegnet sei der Neugeborene". Die Antwort ist stets: *Aḷḷa ybārik fīk* „Gott segne dich".

Eine nachdrücklichere und überschwänglichere Form der Gratulation, die oft auch ironisch verwendet wird, ist *niyyāl* + das oder der Beglückwünschte, z.B. *niyyālak!* „dir herzlichen Glückwunsch, wie schön für dich, ich beneide dich", *niyyāl iz-zalame* „dem Mann muss man gratulieren", *niyyāl abūk fīk* „deinem Vater muss man zu dir gratulieren", *niyyāl it-taxt illi bitnāmi ʕalē* „wohl dem Bett, auf dem du schläfst".

Wenn einem selbst etwas Gutes widerfährt oder gewünscht wird, kann man seinem Mitmenschen zurück wünschen *ʕuqbālak* oder *ʕuqbāl ʕindak* „hoffentlich wird dir gleiches zuteil", auch *ʕuqbāl ʾwlādak* „hoffentlich wird deinen Kindern gleiches zuteil".

VERWÜNSCHUNGEN:

Sehr moderat ist der Verweis
Aḷḷa ysāmḥak „Gott vergebe dir". Deutlicher sind folgende Wendungen:
(Aḷḷa) yixrib bētak „Gott zerstöre dein Haus".
(Aḷḷa) yinʕalak „Gott verfluche dich".
(Aḷḷa) yinʕal rabbak/dīnak „Gott verfluche deinen Gott/deine Religion" (manche Sprecher sagen auch *yinʕan* statt *yinʕal*).
(Aḷḷa) yixzīk „möge dich Gott zu Schanden machen".
(Aḷḷa) yiqtaʕ ʕumrak „Gott zerbreche dein Leben".
(Aḷḷa) yinʕal immak ʕala abūk „Gott verfluche deine Mutter und deinen Vater". *ʕala* ist hier zu verstehen wie deutsches „obendrein", also wörtlich „Gott verfluche deinen Vater und obendrein noch deine Mutter".

Ein starkes Fluchwort, etwa vergleichbar unserem deutschen „Mist!" ist *zift* „Teer". Im Unterschied zum Deutschen kann aber mit *yā zift!* auch eine Person gemeint sein. Besonders Kinder beschimpft man gerne mit *(yā) ḥayywān!* „Tier!". Daneben bietet sich an, wenn man jemanden beschimpfen will, *yā malʕūn* „Verfluchter!", *yā tēs* „(dummer) Bock!", *yā ḥmār* „Esel!", *yā kalb*

„Hund“. Nicht durchweg negativ konnotiert und auch gerne für Kinder verwendet ist *yā ʕakrūt* „Bursche, Bengel“, obwohl es ursprünglich „Kuppler“ oder „Zuhälter“ heißt. Das schlimmste aller Schimpfwörter – es zieht unweigerlich eine Schlägerei nach sich – ist *kuss uxtak / immak* wörtl. „Fotze deiner Schwester / Mutter“. Meist wird es über einen Abwesenden gesagt: *kuss uxto.* Selbstverständlich kann man es auch für Frauen verwenden, indem man ein feminines Suffix anhängt *kuss uxtik, kuss uxtha.* Ansonsten ist die übelste Beschimpfung für Frauen *šarmūṭa* „Hure“.

Generell gilt für alle Wünsche und Verfluchungen, die mit *(Aḷḷa) yi-* beginnen, dass das Präfix des Verbs auch entfallen kann. Beginnt der Verbstamm mit Doppelkonsonanz so erscheint das Präfix ersatzweise vor *Aḷḷa: Aḷḷa yixrib bētak* > *yaḷḷa‿xrib bētak.* Bei Verben die mit Einfachkonsonanz beginnen entfällt das Präfix ersatzlos: *Aḷḷa ysallim īdēk* > *sallim īdēk.* Wie man dieses Phänomen zu deuten hat ist noch nicht vollständig geklärt.

LEKTION 24 / *id-dars il-arbʕa w-ʕišrīn*

§ 70: Der VI. Stamm

Der VI. Stamm ist in seiner Grundbedeutung reflexiv zum III. Stamm. Er wird gebildet mit dem Reflexivpräfix *t-:*

tfāʕal / yitfāʕal

Man beachte auch hier wie im V. Stamm: Der Basisvokal ist im Imperfekt nicht *i* (wie im II., III. und IV. Stamm), sondern *a*! Der VI. Stamm ist manchmal auch passivisch, meist jedoch hat er reziproke Bedeutung, also etwas wechselseitig, gegenseitig oder untereinander tun, etwa
tbādal / yitbādal „untereinander austauschen (etw)"
tṣālaḥ / yitṣālaḥ „sich miteinander versöhnen"
tqātal / yitqātal „sich streiten, miteinander kämpfen".

Zur Flektion siehe Tafel VII.

Verba mediae geminatae, primae Hamze, primae infirmae und mediae infirmae werden wie das starke Verb behandelt:
tnāṭaṭ / yitnāṭaṭ „durcheinander hüpfen"
tʔāmar / yitʔāmar „intrigieren, sich verschwören"
twāṣaṭ / yiṭwāṣaṭ „vermitteln, in der Mitte sein"
tbāwas / yitbāwas „sich gegenseitig küssen".

Die Verben *akal* „essen" und *axad* „nehmen" bilden mittels des VI. Stammes ein Passiv. Dabei assimiliert sich jeweils der erste Radikal ʔ an das Präfix *t-:*
ttākal / yittākal „gegessen werden, essbar sein"
ttāxad / yittāxad „genommen werden".

Verba tertiae infirmae werden flektiert wie ein (a,a)-Typ im Grundstamm (etwa *qara / yiqra* „lesen"):
tqāḍa / yitqāḍa „gegeneinander prozessieren".

Wie im V. Stamm ist ein Partizip Passiv ungebräuchlich. Es wird lediglich ein Partizip Aktiv nach *mitfāʕil*, etwa *mitqātil* „miteinander streitend" gebildet. Dabei ist der Singular eine rein theoretische Form, aufgrund der Bedeutung begegnet in diesem Fall allein der Plural *mitqātlīn*.

Verbalsubstantive sind auch im VI. Stamm wenig gebräuchlich, meist werden Bildungen aus anderen Stämmen bei Bedarf benutzt. Bildungen nach hocharabischem Vorbild *t(a)fāʕul* kommen ebenfalls vor: *tabādul* „Austausch".

§ 71: Der Relativsatz mit *illi*

Das Relativpronomen ist nicht wie im Deutschen nach Genus, Kasus oder Numerus differenziert, sondern lautet einheitlich stets *illi*. Das anlautende *i* entfällt wie beim Artikel in flüssiger Rede nach vokalisch auslautendem Wort:
šū hāda lli fi šanⁱttak? „was ist das in deiner Tasche?"

Genauso kann das End-*i* entfallen, wenn das folgende Wort vokalisch anlautet:
il-bint ill ağat „das Mädchen, das kam".

Steht das Relativpronomen zwischen vokalisch endendem und vokalisch anlautendem Wort, so wird es in flüssiger Rede auf *ll* reduziert:
anū ll ağa „wer kam?" (wörtl.: „wer ist derjenige, der kam?").

Oft wird *illi* wie in diesem letzten Satz substantivisch verwendet im Sinne von „derjenige, der", „diejenige, die" oder „dasjenige, das" und wird damit zum Subjekt des Relativsatzes:
šū lli ṣār? „was geschah?" (wörtl.: „was ist das, was geschehen ist?").
mīn illi kān maʕak ⁱmbāriḥ? „wer war derjenige, der gestern mit dir zusammen war?"
biddi kundara zayy illi fil-vatrīna „ich möchte Schuhe, wie diejenigen in der Vitrine".

Das substantivische Relativpronomen hat die Dativform *lalli* < **la illi:*
lalli biddo iyyā „demjenigen, der es will"
ana mṣawwiṭ lalli biğīb akl „ich stimme für denjenigen, der Essen herbeischafft".

Substantiviert ist das Relativpronomen auch, wenn der Relativsatz vor den Satzteil, auf den er sich bezieht, gezogen wird:
illi budrus binğaḥ „wer lernt, besteht [die Prüfung]"
illi ṣār, ṣār „was geschehen ist, ist geschehen"
illi biddo yyāni bīği la ʕindi „wer mich haben will, kommt zu mir"
illi min Nāblis biʕrif ysūq „der aus Nablus kann [Auto] fahren"
illi marato zaʕlāne bizʕal kamān „wessen Frau traurig ist, der ist auch traurig".

In verallgemeinernden Aussagen kann substantivisch statt *illi* auch *yalli* < **yā illi* stehen:
yalli min Nāblis biʕrif ysūq „die Leute aus Nablus können [Auto] fahren".

Ist das Wort, auf das sich das Relativpronomen bezieht, indeterminiert, so kann das Relativpronomen auch weggelassen werden:
šufᵊt zalame (illi) ḥamal talat ᵊkyās „ich sah einen Mann, der drei Säcke trug".
Der Dialekt verwendet jedoch auch bei indeterminiertem Bezugswort lieber das Relativpronomen:
šufᵊt bint illi lābse banṭalōn „ich sah ein Mädchen, das Hosen trug".

Der Relativsatz ist, anders als im Deutschen, nicht verkürzt und hat keine veränderte Wortstellung. Er ist vielmehr ein vollständiger, syntaktisch normaler Satz, selbst wenn er nur aus einem Verb besteht:
btiʕraf uxto lli btudrus fil-xāriǧ? „Kennst du seine Schwester, die im Ausland studiert?"
miš ana lli qultlak … „habe ich dir nicht gesagt …?"
l-usbūʕ illi fāt „letzte Woche" (wörtl.: „die Woche, die eingetreten ist").

Ist das Bezugswort nicht Subjekt des Relativsatzes, wechselt also das Subjekt, so muss das Bezugswort durch ein rückbezügliches Personalpronomen im Relativsatz aufgenommen werden:
ktāb (illi) qarēto „ein Buch, welches ich gelesen habe"
il-bint illi lqīt mandīlha „das Mädchen, dessen Kopftuch ich gefunden habe"
il-maḥall illi kunna nistanna fī „der Ort, an dem wir warteten"
miš inti ll abūha bištġil fil-bank? „bist du nicht diejenige, deren Vater in der Bank arbeitet?"
illi ḥakēt ʕanno „das, worüber ich gesprochen habe".

§ 72: Der Fragesatz

Ein Fragesatz kann durch ein Fragewort gekennzeichnet sein (vgl. § 17 Interrogativpronomen und § 19 Interrogativadverbien):
mīn hāda? „wer ist das?"
simiʕ mīn? „er hörte wen?"
la mīn katabtu? „wem habt ihr geschrieben?"

šū biddak? „was willst du?"
šū fī? „was ist los?"
šū mālak „was hast du?"
šū̮smak? „wie heißt du?"
la ēš hāda? „wofür ist das?"
xašab ēš? „was für Holz?"
ʕan ēš ⁱbtiḥki? „wovon, worüber sprichst du?"
lēš biddakš ⁱtrūḥ? „warum willst du nicht gehen?"
ayy(a) zalame? „welcher Mann?"
anū daftar? „welches Heft?"
anī mara „welche Frau?"
kam marra „wievielmal, wie oft?"
akam walad / kam walad? „wieviele Kinder?"
qaddēš dafaʕt? „wieviel hast du bezahlt?"
qaddēš ʕumrak? „wie alt bist du?"
kīf ḥālak? „wie geht es dir?"
wēn iz-zalame? „wo ist der Mann?"
ēmta biddak ⁱtsāfir? „wann willst du abreisen?"

Fragesätze, die kein Fragewort enthalten, unterscheiden sich vom korrespondierenden Aussagesatz nicht wie im Deutschen durch eine veränderte Wortstellung, sondern allein durch den veränderten Satzton:

ana ʕārif? „weiß ich's?"
ṣaḥīḥ? „ist's wahr?"
inte taʕbān? „bist du müde?"
ruḥt ʕas-sīnama willa ḍallēt fil-bēt? „bist du ins Kino gegangen oder zu Hause geblieben?"

Die durch „ob" eingeleitete indirekte Frage wird für gewöhnlich mit dem Konditionalpartikel *iza* wiedergegeben:
ⁱbtiʕrif iza wiṣil? „weißt du, ob er angekommen ist?"
šuft iza nāqiṣ mayy? „hast du gesehen, ob Wasser fehlt?"
saʔlato iza biddo yrūḥ ʕal-masbaḥ „sie fragte ihn, ob er ins Schwimmbad gehen möchte".

LEKTION 25 / *id-dars il-xamse w-ʕišrīn*

§ 73: Das Wörtchen *bass*

Das im Palästinensisch-Arabischen häufig benutzte Wort *bass* ist ein persisches Lehnwort. Es wird heutzutage in vier verschiedenen Bedeutungen benutzt:

„Aber“. Neben dem vom Hocharabischen bekannten Wort *lākin* wird im Dialekt oft und gerne *bass* für „aber“ benutzt:
qāl inno biddo yīǧi, bass mā aǧa „er sagte, dass er kommen würde, aber er kam nicht“
ṣār ydawwir ʕalē, bass mā lāqā „er suchte nach ihm, aber fand ihn nicht“
il-filⁱm kān ḥilu, bass ṭawīl šwayy „der Film war schön, aber ein wenig lang“
ʕimil imtiḥān, bass mā naǧaḥ „er machte eine Prüfung, aber bestand (sie) nicht“
... *bass fi Nāblis arxaṣ* „... aber in Nablus ist es günstiger“
bass mā qdirt aʕmal iši „aber ich konnte nichts machen“.

„Nur“: Selten hört man das Hocharabische *faqaṭ*, *bass* ist das echte Dialektwort:
bass ʕašara „nur zehn“
maʕi vīza bass la talat tušhur „Ich habe ein Visum nur für drei Monate“
ana masmūḥ arūḥ bass ʕal-Urdun „Ich darf nur nach Jordanien reisen“
Samīra raqṣat bass maʕo? „Tanzte Samira nur mit ihm?“
akalt falāfil – bass falāfil? – laʔ, ... „Ich habe Falafel gegessen.“ – „Nur Falafel?“ – „Nein, ...“
In allen Fällen kann *bass* wie hocharabisches *faqaṭ* auch nachgestellt werden, also *ʕašara bass, ana masmūḥ arūḥ ʕal-Urdun bass* usw.

„Wenn, sobald (als)“. Mit Perfekt oder Subjunktiv steht *bass* in der Bedeutung von *lamma*:
bass tīǧi ʕal-balad xabbirni „sag mir Bescheid, wenn/sobald du ins Dorf kommst“
bass šuftni ġayyart il-mawḍūʕ „als du mich sahst, hast du das Thema gewechselt“
bass yirǧaʕ min is-safar biddna niʕmal ḥafle „sobald er von der Reise zurückkehrt, wollen wir ein Fest machen“
bass asʔalo, baqullak „wenn ich ihn gefragt habe, sage ich dir’s“
bilāqi šuġᵘl bass yirǧaʕ „sobald er zurückkommt, findet er Arbeit“.

„Genug“. Macht ein Kind gar zu viel Unfug, ruft der Vater *xalaṣ!* oder *bass!* „Genug!, Aufhören!, Schluss!“. Aber nicht nur Kindern gegenüber kann man diesen Ausruf verwenden, er passt immer, wenn man genug von etwas hat, wenn es einem reicht. Und das muss dann gar nicht unfreundlich gemeint sein. Wenn Sie nun genug Beispiele für die Verwendung dieses Wörtchens gehört haben und Ihnen der Kopf schwirrt, dürfen Sie nun gerne *bass!* rufen.

§ 74: Der VII. Stamm

Der VII. Stamm dient zur Bildung des Passivs zum Grundstamm. Er ist gekennzeichnet durch ein *n*-Präfix:

nfaʕal / yin^{i}fʕil

Beispiele von starken Wurzeln:
nǧaraḥ / yin^{i}ǧriḥ „verwundet werden“
nḍarab / yin^{i}ḍrib „geschlagen werden“
nqatal / yin^{i}qtil „getötet werden“.
Der VII. Stamm kann auch reflexive Bedeutung haben, sehr gebräuchlich ist etwa
nbasaṭ / yin^{i}bsiṭ „sich freuen“.

Zur Flektion siehe Tafel VII. Man beachte dabei, dass die Subjunktivform *yin^{i}fʕil* entstanden ist aus **yinfiʕil* durch Ausfall des *i* in kurzer unbetonter Silbe und anschließendem Einschub eines Hilfsvokals eine Stelle vorher. Tritt an die Ausgangsform jedoch ein vokalisches Suffix an, etwa im Plural **yinfiʕil-u,* so haben wir zwei unbetonte offene Silben mit Kurzvokal *i.* Nun fällt in der ersten Silbe von hinten her gerechnet der Kurzvokal aus: **yinfiʕilu* > *yinfiʕlu.* Das *i,* das im Singular ausgefallen ist, gerät somit im Plural in eine geschlossene Silbe und ist damit geschützt. Deshalb heißt es *bin^{i}bsiṭ* „er freut sich“, aber *binbisṭu* „sie freuen sich“.

Der VII. Stamm hat im Imperfekt eine seltene Variante nach *yinfaʕal* statt *yin^{i}fʕil.* Dies besonders bei Verben der Bedeutung „es ist möglich zu …, es kann … werden“. Beispiele:
binḥamal „man kann es tragen, es kann getragen werden“
mā binsakan „es ist nicht bewohnbar, man kann es nicht bewohnen“.

Verba mediae geminatae erfahren keinen Vokalwechsel (a,i) zwischen Perfekt und Imperfekt, sondern haben auch im Imperfekt den Vokal *a:*

nball / yinball „nass werden“
nǧann / yinǧann „verrückt werden“.

Zur Flektion vgl. Tafel IX.

Verba primae infirmae werden im VII. Stamm stark flektiert: *nwalad / yin*[u]*wlid* „geboren werden“.

Auch bei Verba mediae infirmae tritt kein Vokalwechsel auf:
nbāʕ / yinbāʕ „verkauft werden“
nǧāb / yinǧāb „gebracht werden“.
Treten konsonantische Suffixe an, so wird das lange *ā* gekürzt, ohne wie im Grundstamm umzulauten: *nǧabt* „ich wurde gebracht“, *nšaft* „ich wurde gesehen“. Diese Formen sind jedoch rein theoretisch und gänzlich ungebräuchlich. Man sagt stattdessen *ǧābūni* „sie brachten mich = man brachte mich“und *šāfūni* „sie sahen mich = man sah mich“. Die 3. Person Plural wird ganz allgemein häufig benutzt um unpersönliches „man“ auszudrücken. Ein vollständiges, wohlgemerkt eher theoretisches Paradigma findet sich in Tafel X, Spalte 3.

Beim Verb tertiae infirmae tritt der Vokalwechsel wieder auf:
nsaqa / yin[i]*sqi* „bewässert werden“
nṭafa / yin[i]*ṭfi* „erlöschen, ausgehen“
Ein vollständiges Paradigma dazu findet man in Tafel XI.

Partizipialbildungen sind äußerst selten, man nimmt stattdessen das passive Partizip des Grundstamms: *maksūr* „zerbrochen“ statt *min*[i]*ksir.*

Ebenso rar sind Verbalnomina, wenn überhaupt, werden hocharabische Formen nach *inf(i)ʕāl* benutzt.

§ 75: Der Diminutiv

Zu dreiradikaligen Nomina lässt sich mittels des Morphemtyps *fʕēl(e)* ein Diminutiv bilden. Beispiele:
šbēb „junges Kerlchen" zu *šabb* „junger Mann", *krēr* „Eselchen" zu *kurr* „Eselsfüllen", *Ḥsēn* (Eigenname) zu *Ḥasan, bḥēra* „See" zu *baḥr* „Meer", *ğnēne* „Hausgärtchen" zu *ğanne* „Paradies", *dnēbe* „Schwänzchen" zu *danab* „Schwanz", *sxēle* „Geißlein" zu *saxl* „Zicklein", *ʕlēbe* „Schächtelchen" zu *ʕilbe* „Schachtel".

Wurzeln tertiae infirmae enden auf *-ayy(e),* beispielsweise *šwayy(e)* „ein wenig" zu *iši* < *šī* < **šayʔ* „etwas, Sache", *mayy(e)* „jetzt: Wasser; ursprünglich: Wässerchen" < **mwayʔ* zu altem **māʔ* „Wasser", *bayyi* „mein Väterchen", *xayyi, xayyti* „mein Brüderchen, Schwesterchen" und analog gebildet *bnayyi, bnayyti* „mein Söhnchen, Töchterchen".

Vierradikalige Nomina bilden den Diminutiv nach *fʕēlil(e),* etwa: *blēbil* zu *bulbul* „Nachtigall", *flēfle* zu *filfil* „Pepperoni". Auch *kwayyis* „gut" geht auf solch eine Diminutivform zurück.

Bei Eigennamen verwendet man als Verkleinerungs- und Koseform den Morphemtyp *faʕʕūl(e,i),* etwa *Ḥammūde* oder *Ḥammūdi* zu *Mḥammad, Xallūd(e)* zu *Xālid, Mazzūn(e)* zu *Māzin, ʕabbūd(e)* zu *ʕabdaḷḷa, ʕabd il-Karīm* und ähnlichen Bildungen. Etwas kurios ist die Form *ʕallūš* zu *ʕali* mit paragogischem[1] *š*.

Der Typ *faʕʕūl* kommt auch häufig im Tier- und Pflanzenreich vor: *baḷḷūṭ* „Eiche", *faqqūs* „Posthorngurke", *farrūğ* „junge Henne", *dabbūr* „Hornisse" und viele andere mehr.

1 Paragoge = etymologisch nicht erklärbare Lautergänzung am Ende eines Wortes.

LEKTION 26 / *id-dars is-sitte w-ʕišrīn*

§ 76: *kull* „jeder; ganz; alle“; *baʕḍ* „einige; etwas; einander“

kull, was in der Grundbedeutung „Ganzes, Gesamtheit“ heißt, wird gerne als Leitwort einer Genitivverbindung benutzt. Je nach Numerus und Determinationsstatus des folgenden Genitivs hat es unterschiedliche Bedeutungen:

Gefolgt von einem indeterminierten Nomen im Singular heißt *kull* „jeder, jede, jedes“:
kull bēt „jedes Haus“
kull ṭālib „jeder Student“
kull mara „jede Frau“
kull yōm „jeder Tag“.

Gefolgt von einem determinierten Nomen im Singular heißt es „ganz“:
kull il-bēt „das ganze Haus“
kull is-sayyāra „das ganze Auto“
kull il-yōm „der ganze Tag, den ganzen Tag lang“.

Gefolgt von einem determinierten Nomen im Plural heißt es „alle“:
kull il-madāris „alle Schulen“
kull iṭ-ṭālbāt „alle Studentinnen“
kull in-nās „alle Leute“.

Ist der abhängige Genitiv determiniert, wie in den letzten beiden Fällen, so kann *kull* auch mit rückbezüglichem Personalsuffix versehen und nachgestellt werden, also:
il-bēt kullo „das ganze Haus“
is-sayyāra kullha „das ganze Auto“
il-yōm kullo „der ganze Tag, den ganzen Tag lang“
il-madāris kullha oder *kullhum* „alle Schulen“
iṭ-ṭālbāt kullhum „alle Studentinnen“
in-nās kullhum „alle Leute“.

Selbstverständlich kann *kull* auch ohne Rückbezüglichkeit mit suffigiertem Personalpronomen verbunden werden:
kullna „wir alle"
kullhum rāḥu oder *rāḥu kullhum* „alle gingen"
kullo, kullha „ganz; alles" z.B. *akal kullo* „er hat alles gegessen" oder „er hat es ganz gegessen".

baʕḍ heißt in seiner Grundbedeutung wörtlich „Teil", als Leitwort einer Genitivverbindung also „Teil von". Gefolgt von einem determinierten Genitiv im Plural drückt es „einige, manche" aus:
baʕḍ in-nās „einige/manche Leute"
baʕḍ iṭ-ṭālbāt „einige/manche Studentinnen"
baʕḍku(m) „einige/manche von euch".

Die mit *baʕḍ* gebildeten Genitivverbindungen werden meist dem Sinne nach als Plural konstruiert, seltener als maskuliner Singular: *rawwaḥu baʕḍ in-nās* „einige Leute gingen heim", selten *rawwaḥ baʕḍ in-nās.*

Gefolgt von einem determinierten Genitiv im Singular drückt *baʕḍ* „etwas, einiges" aus:
baʕḍ il-waqt „einige Zeit"
baʕḍ iṭ-ṭarīq „einiges/einen Teil des Wegs".

baʕḍ dient auch dazu, „einander, miteinander, untereinander, wechselseitig, zusammen" auszudrücken:
biḥibbu baʕḍ „sie lieben einander"
bišbahu baʕḍ „sie gleichen einander"
qālu la baʕḍhum „sie sagten zueinander"
bidaššru baʕḍ „sie verlassen einander"
saʔalu baʕḍhum „sie fragten einander"
minrūḥ maʕ baʕḍ „wir gehen miteinander/zusammen"
mātu maʕ baʕḍhum „sie starben zusammen"
ḥaṭṭhum ǧamb baʕḍ „er legte sie nebeneinander"
biddna nixfīhum ʕan baʕḍ „wir wollen sie voreinander verstecken"
biddo yaʕṭīni iyyāhum ʕa baʕḍhum „er wird sie mir alle zusammen geben"
tʕarrafu ʕa baʕḍ „sie lernten einander kennen"
xallafat sabʕ ⁱwlād wara baʕḍhum „sie gebar nacheinander sieben Kinder".

Durch Doppeltsetzung drückt es völlige Reziprozität aus. Dabei ist das erste *baʕḍ* mit suffigiertem Personalpronomen und das zweite mit dem Artikel versehen:
ⁱltaqu maʕ baʕḍhum il-baʕḍ „sie trafen sich untereinander/wechselseitig"
bniḥki maʕ baʕḍna il-baʕḍ „wir sprechen miteinander".

zayy baʕḍ mit oder ohne suffigiertem Personalpronomen heißt „(einander) gleich":
ana w-iyyāhum zayy baʕḍ „ich bin wie sie"
kull iz-zlām zayy baʕḍ „alle Männer sind gleich"
ṣāru t-talāte zayy baʕḍhum „die drei wurden einer wie der andere".

§ 77: Der VIII. Stamm

Der VIII. Stamm ist ursprünglich reflexiv zum Grundstamm. Diese Bedeutung hat sich allerdings nur in den seltensten Fällen erhalten, semantisch haben sich die nicht allzu zahlreichen Verben in diesem Stamm meist weit davon entfernt. Auch formal unterscheidet er sich von den anderen Reflexivstämmen, der Reflexivmarker *t* ist nicht präfigiert, sondern hat bereits in sprachgeschichtlich sehr alter Zeit seinen Platz mit dem ersten Radikal getauscht:

ftaʕal / yiftʕil

Der Dreier-Cluster im Subjunktiv wird meist nicht durch Hilfsvokal aufgelöst. Offensichtlich bereitet ein Cluster arabischen Zungen weniger Schwierigkeiten, wenn der mittlere Konsonant ein *t* ist.

Häufige Beispiele beim starken Verb sind
štaġal / yištġil „arbeiten"
stalam / yistlim „erhalten, empfangen"
xtalaf / yixtlif „sich unterscheiden, sich verändern".

Mit letzterem Verb gab es Anfang des 20. Jahrhunderts in Jerusalem ein hübsches Spottverschen auf die Kinder aus il-Xalīl (Hebron): *int^{s}u int^{s}u willa xt^{s}alaft^{s}u?* „seid ihr (noch) ihr, oder habt ihr euch verändert?". Die Einwohner von Xalīl, die Xalāyle, hatten nämlich die Angewohnheit, jedes *t* zu affrizieren *t* > *t^s*, was sich in etwa wie unser deutsches „z" anhört. Dies und ihre bereits erwähnte nasalierte Pausaldehnung sorgten seit jeher bei anderen Palästinensern für Heiterkeit.

Ein vollständiges Paradigma des starken Verbs findet sich in Tafel VII. Man beachte für die Aussprache von Verben im VIII. Stamm die Regeln für die Assimilation des eingeschobenen *t*, die in § 67 beschrieben wurden.

Geminierte Verben im VIII. Stamm haben wie im VII. Stamm keinen Vokalwechsel zwischen Perfekt und Imperfekt:
ltamm / yiltamm „sich versammeln"
htamm / yihtamm „sich interessieren (für jn, etw *fi*)".

Zur Flektion siehe Tafel IX.

Verba primae Hamze treten im VIII. Stamm nicht auf. Zu den mitunter als VIII. Stamm interpretierten Verben *ttākal* und *ttāxad* siehe VI. Stamm.

Bei den Verba primae infirmae assimiliert sich der schwache Radikal an das eingeschobene *t*. Beispiele:
WṢL: *ttaṣal / yittṣil* „sich in Verbindung setzen, telefonieren"
WFQ: *ttafaq / yittfiq* „sich einigen, übereinkommen".

Bei den Verba mediae infirmae tritt wie im VII. Stamm kein Vokalwechsel auf:
xtār / yixtār „wählen, auswählen"
rtāḥ / yirtāḥ „ausruhen, sich erholen"
štāq / yištāq „sich sehnen (nach etw, jm *la*), vermissen (etw, jn *la*)".

Bei den Formen im Perfekt, bei denen ein konsonantisch anlautendes Suffix antritt, wird das lange *ā* wie im VII. Stamm ohne umzulauten gekürzt: *rtaḥt* „ich ruhte mich aus". Genaueres siehe Tafel X, Spalte 4.

Merken Sie sich: Bei den geminierten Verben und bei den Verba mediae infirmae tritt im VII. und VIII. Stamm kein Vokalwechsel zwischen Perfekt und Imperfekt auf, und der Langvokal lautet bei Kürzung nicht um.

Das Paradigma der Verba tertiae infirmae ist jedoch stets mit Vokalwechsel (vgl. Tafel XIII):
štara / yištri „kaufen"
ltaqa / yiltqi „treffen, zusammentreffen"
ntaha / yinthi „enden".

Das aktive Partizip wird gebildet nach *muft(a)ʕil* oder *mift(a)ʕil*, entsprechend das passive nach *muft(a)ʕal* oder *mift(a)ʕal*. Beispiele von gängigen Partizipien:

muštrik oder *muštarik* „teilnehmend“, *muštarak* „gemeinschaftlich“, *miḥtrim* „achtend“, *muḥtaram* „geachtet“ und von einer Wurzel mediae infirmae *muštāq* „sich sehnend“.

Als Verbalnomen wird die von der Silbenstruktur her oft nicht dialektale, sondern hocharabische Form *ift(i)ʕāl* benutzt: *iḥtirām* „Achtung“, *ittifāq* „Übereinkommen“.

LEKTION 27 / *id-dars is-sabʕa w-ʕišrīn*

§ 78: Ḥāl-Sätze

Der Ḥāl-Satz oder Zustandssatz drückt einen zum übergeordneten Hauptsatz gleichzeitigen Zustand oder Vorgang aus. Im Deutschen wird er eingeleitet mit Wendungen wie „wobei, während, indem, als, solange". Der Zustandssatz wird gewöhnlich dem Hauptsatz angeschlossen durch *w-* „und", unmittelbar gefolgt vom Subjekt des als Nebensatz zu wertenden Ḥāl-Satzes. Er hat also die feste Wortstellung *w*-Subjekt-Prädikat". Der Zustandssatz ist häufig ein Nominalsatz oder hat ein partizipiales Prädikat. Es kann aber auch ein Verbum im Imperfekt stehen, das Imperfekt drückt in diesem Falle die Gleichzeitigkeit aus. Beispiele:

abūy māt w-ana bint santēn „mein Vater starb, als ich ein Mädchen von zwei Jahren war"

kunt aḥibb waḥade w-ana walad ⁱzġīr „ich liebte eine, als ich ein kleiner Junge war"

sāfart ʕa Nāblis w-abūy marīḍ „ich reiste nach Nablus, und derweil war mein Vater krank"

futt il-ġurfe wiz-zalame qāʕid ʕal-kursi „als ich das Zimmer betrat, saß der Mann auf dem Stuhl"

futt il-bēt w-ibni biḍḥak „ich betrat das Haus, wobei mein Sohn lachte"

azzan il-muʔazzin fil-maġrib w-ana ṭāliʕ ⁱmn il-balad „der Muezzin rief zum Abendgebet, als ich aus dem Dorf hinausging".

Und auch der Glückwunschgruß zu allen wiederkehrenden Festen gehört hierher:

kull sane w-inte sālim „möge es dir das ganze Jahr über gut gehen".

§ 79: Topic-Comment Sätze

Als Topic-Comment Satz bezeichnet man eine syntaktische Stellung, in der das Thema (Topic) eines Satzes an den Anfang gezogen wird und die Aussage darüber (Comment) nachfolgt. Steht der Topic im Ausgangssatz nicht im Nominativ, so muss er beim Vorziehen vor den Comment durch ein rückbezügliches Pronomen wieder aufgenommen werden. Betrachten Sie etwa den Satz *ibn iz-zalame ḥarāmi* „der Sohn des Mannes ist ein Verbrecher". „Sohn" ist hier Subjekt und somit der übergeordnete Begriff. Geschieht dieses Statement im Kontext anderer Aussagen über den Mann und möchte der Sprecher deshalb ihn und nicht den Sohn in den Mittelpunkt seiner Aussage stellen, so wird er stattdessen formulieren *iz-zalame, ibno ḥarāmi.* Der Topic, um den es geht, wird gewaltsam nach vorne gezogen, um dann als rückbezügliches Pronomen im anschließenden Comment wieder zu erscheinen. Dieses im Arabischen gerne benutzte Instrument, um das Wesentliche einer Aussage an deren Anfang zu stellen, wird auch in anderen Sprachen oft verwendet. Ein Autor wollte beispielsweise sein Buch über die Mandäer nicht „Religion und Geschichte der Mandäer" nennen, da das eigentliche Thema erst im Genitiv kommt. Deshalb wählte er stattdessen den Titel „Die Mandäer, ihre Religion und ihre Geschichte". Einige Beispiele im Arabischen:

Ḥasan, qallo ṣāḥbo „der Freund von Ḥasan sagte zu ihm"

sukkān hādi l-qarye muʕẓamhum masīḥiyye „die meisten Bewohner dieses Dorfes sind Christen"

hādi l-mākīna, fišš fāyde minha „diese Maschine ist nutzlos"

ṭīḥ, ṭīḥ, iṭ-ṭarīq ⁱbtūṣalⁱlha „geh hinunter, geh hinunter, [dann] erreichst du den Weg"

ana, abūy māt w-ana bint santēn „mein Vater starb, als ich ein Mädchen von zwei Jahren war".

§ 80: Konditionalsätze

Der reale Bedingungssatz, dessen Voraussetzung im Vordersatz nicht hypothetisch, sondern erfüllbar ist, wird mit *in* oder *iza* „wenn, falls" eingeleitet. Ist der Vordersatz ein Verbalsatz, steht das Verb dabei für gewöhnlich im Perfekt, unabhängig von der Zeitstufe, die man ausdrücken möchte:

in ṭawwalti bitlāqīni fid-dukkān „wenn es länger bei dir dauert, findest du mich im Laden“

in ǧīt la ʕindna ahlan wa sahlan fīk „wenn du zu uns kommst, bist du willkommen“

in šuftīha sallmīli ʕalēha „wenn du sie siehst, grüße sie von mir“

in saʔlatik truddīš ʕalēha „wenn sie dich fragt, antworte ihr nicht“

iza mašġūl, ⁱmnīǧi yōm tāni „wenn du beschäftigt bist, kommen wir an einem anderen Tag“

iza biddak taʕāl „wenn du willst, komm“

iza ⁱBrahīm miš fil-bēt, bikūn fil-maṭʕam „wenn Ibrahim nicht zu Hause ist, ist er im Lokal“

iza biddo iyyāni bilḥaqni ʕa ǧazāyir il-Wāq Wāq „falls er mich will, folgt er mir zu den Wāq Wāq Inseln“

iza mā fhimtūš isʔalūni! „wenn ihr nicht verstanden habt, fragt mich“.

Erweitert werden kann die Einleitungspartikel stets mit unflektiertem *kān:*

in kān ṭawwalti … „wenn es länger bei dir dauert, …“ (vgl. oben)

iza kān šilt hāda, bitšūfo „wenn du das weggemacht hast, wirst du es sehen“.

Ist der Vordersatz ein Nominalsatz oder durch das Hilfsverb *bidd-* eingeleitet, steht *kān* besonders gerne (es muss aber nicht stehen, wie die obigen Beispiele zeigen):

in kān inte šāṭir, biddak tištri l-mākina „wenn du klug bist, wirst du die Maschine kaufen“

iza kān biddik titʕarrafi ʕalē rāḥ aʕⁱzmo „wenn du ihn kennen lernen willst, werde ich ihn einladen“.

Dabei kann sogar die Konditionalpartikel weggelassen werden und unveränderliches *kān* alleine stehen:

kān inte šāṭir … „wenn du schlau bist, …“

kān inte mašġūl bāǧi yōm tāni „wenn du beschäftigt bist, komme ich an einem anderen Tag“

kān ʕindak waqt minrūḥ maʕ baʕḍ „wenn du Zeit hast, gehen wir zusammen“.

Der irreale Konditionalsatz, der eine hypothetische, nicht erfüllbare Bedingung als Vordersatz enthält, wird mit *law* „wenn (irreal)" eingeleitet:

law saʔaltīni šū smak, ʕrifti smi „hättest du mich gefragt ‚wie heißt du?', würdest du meinen Namen kennen"

law šuftak sallamt ʕalēk „wenn ich dich gesehen hätte, hätte ich dich gegrüßt"

law bitḥibbni, iğīt „wenn du mich mögen würdest, wärst du gekommen"

law inno ili „wäre es doch mein!"

Der auf den Vordersatz folgende Hauptsatz kann dabei durch *la* oder eine Form von *kān* eingeleitet werden:

law štaġalt kān ʕindak maṣari „hättest du gearbeitet, hättest du Geld"

law iğīt bakkīr kunt šuft ibni „wenn du früher gekommen wärst, hättest du meinen Sohn gesehen"

law kunt muʔaddab la mā ṭaradūk „wärst du anständig gewesen, hätten sie dich nicht fortgejagt".

Gelegentlich findet man *law* im Dialekt jedoch auch im realen Konditionalsatz, etwa in der häufig gebrauchten Redewendung *law samaḥt* „wenn Sie erlauben, gestatten Sie", die eine Bitte einleitet, deren Gewährung eher als real denn als hypothetisch eingeschätzt wird. Man beachte auch die folgenden Sätze, in denen die Erfüllung der Bedingung von den Sprechern nicht als gänzlich hypothetisch bewertet wird:

law biddha laban bağībᵊlha laban „wenn sie Joghurt möchte, bringe ich ihr Joghurt"

law innak taʕṭīni hal-ġalyūn „wenn du mir doch diese Tabakspfeife geben würdest".

Verneint wird *law* durch *lōma* oder gleichbedeutendem *lōla:*

lōma/lōla ṭ-ṭarīq ᵊbʕīde ʕalēk kān aʕṭēnāk hal-baṭṭīxa „wenn du nicht so einen weiten Weg vor dir hättest, würden wir dir diese Wassermelone geben"

lōma/lōla salāmak ġalab kalāmak, la ... „wenn dein Gruß nicht deiner Rede vorangegangen wäre, dann ..."

§ 81: Der IX. Stamm

Der IX. Stamm ist unter allen Stämmen der exotischste. Er stand ursprünglich für Verben, die Farben und körperliche Gebrechen bezeichnen. Er wird gebildet nach

fʕall / yifʕall

Ein vollständiges Paradigma findet sich in Tafel VII. Im Folgenden eine Liste von Verben im IX. Stamm, sehr viel mehr als die hier verzeichneten werden wohl nicht gebräuchlich sein:
ḥmarr / yiḥmarr „rot werden, erröten"
zraqq / yizraqq „blau werden"
ṣfarr / yiṣfarr „gelb werden, erbleichen; abendlich werden (Sonne)"
xḍarr / yixḍarr „grün werden, ergrünen"
smarr / yismarr „dunkelbraun, schwarz werden"
byaḍḍ / yibyaḍḍ „weiß werden"
swadd / yiswadd „schwarz werden"
šqarr / yišqarr „blond werden, erblonden"
dyaqq / yidyaqq „eng werden, sich verengen"
qraʕʕ / yiqraʕʕ „kahl werden"
šlabb / yišlabb „schön werden"
ḥlaww / yiḥlaww „süß werden; ein angenehmes Äußeres bekommen, adrett werden".

All diese Verben werden selten benutzt. Stattdessen verwendet man lieber Umschreibungen mit *ṣār / yṣīr* „werden", z.B. *ṣār axḍar* statt *xḍarr* „grün werden". Auch der VII. Stamm wird dafür gerne benutzt, beispielsweise: *ntaraš* „taub werden", *nʕarağ* „lahm werden", *nxaras* „stumm werden".

Falls überhaupt ein Partizip gebräuchlich sein sollte, dann nach dem Typ *mifʕall* oder *mufʕall*. Auch das Verbalnomen nach *ifʕ(i)lāl* ist extrem selten.

LEKTION 28 / *id-dars it-tamanye w-ʕišrīn*

§ 82: Ausnahmepartikel

Als Ausnahmepartikel „außer“ werden *ġēr* und *illa* verwendet:

kullhum sāfaru ġēr/illa marati „alle außer meiner Frau verreisten“.

„nichts/niemand … außer“ übersetzt man meist geschickter mit „nur“:

mā ḥada aǧa ġēr/illa Kamāl „nur Kamāl kam“.

ġēr wird auch im Sinne von „ein anderer als, etwas anderes als, nichts anderes als“ verwendet. Oft werden die Ausnahmesätze so verkürzt, dass nurmehr das Ausgenommene genannt wird:

mā ʕindīš ġēr ⁱrġīf „ich habe nur einen Brotfladen“

w-ġēro mā ǧibtⁱš? „hast du nichts anderes gebracht?“

mālhāš ġēr il-walad iz-zġīr „sie hat nur den kleinen Jungen“

mā ḍall ġēr haṣ-ṣāḥib „nur dieser Freund blieb übrig“

mā ḥada ġēri oder *ġēr ana* „niemand außer mir“

wāḥad ġēro „einen anderen als ihn“

mīn ġērak kān fil-ḥaram? „wer war außer dir noch auf dem Tempelplatz?“

zlām ⁱtnēn w-kamān ⁱtnēn ġērhum „zwei Männer und dann nochmal zwei“

inti mṣāḥbe ġēri „du hast noch einen anderen als mich zum Freund“

fišš wāḥad biqdar ʕalēha ġēr iǧ-ǧār „nur der Nachbar wird mit ihr fertig“

ʕindo taman ⁱwlād ġēr il-banāt „er hat acht Kinder, die Töchter nicht mitgerechnet“

waḷḷa ġēr aṭlubha „bei Gott, ich muss um ihre Hand anhalten“ (wörtl.: „es gibt nichts anderes, als dass ich“)

ġēr arūḥ „ich muss unbedingt gehen“

štaġalu min zamān ġēr „man hat früher anders gearbeitet“.

Im Unterschied zu *ġēr* kann *illa* niemals mit Personalsuffix verbunden werden:

mā ḥada illa ana „niemand außer mir“ (vgl. oben *mā ḥada ġēri*) *mā baḥki illa almāni* „ich spreche nur deutsch"

baṭlubš minnak illa dīnār „ich will nur einen Dinar von dir"

nbāʕat kull il-aġrāḍ illa l-kundara „alles außer den Schuhen wurde verkauft"

mā buqᵘtlōš illa s-sēf tabaʕo „nur sein eigenes Schwert tötet ihn"

mā bāxud il-maṣāri illa tāxud is-sanduq „ich nehme das Geld nur, wenn du die Kiste nimmst"

baṭlaʕš illa aṭⁱlʕik maʕi „ich gehe nur, wenn ich dich mit mir nehme"

ana mā barūḥ, illa awaddi marati „ich gehe nicht, sondern schicke meine Frau".

Bei Zeitangaben drückt *illa* „vor" aus:

is-sāʕa sitte illa xamse „fünf Minuten vor sechs Uhr"

is-sāʕa tamanye illa rubʕ „viertel vor acht"

is-sāʕa talāte illa tult „zwanzig Minuten vor drei Uhr".

illa gefolgt von einem Nomen oder Personalpronomen wird auch im Sinne von „und da, siehe da" verwendet und leitet damit eine überraschende Wendung ein. Erklären kann man sich diese Bedeutung als eine Umschreibung „und es geschah nichts anderes, als dass ...":

illa hū ǧāy „und da kam er"

illa hū biqulli „und da sagt er zu mir"

ṭilʕit il-mara illa fiʕlan iš-šaǧara ḥāmle mišmiš „die Frau ging hinaus, und da trug der Baum tatsächlich Aprikosen".

§ 83: Indefinita

Unbestimmtheit der Person wird meist ausgedrückt durch

• *wāḥad, ḥada, ḥad* „einer, jemand".

Feminin auch *waḥada,* verneint *mā ḥada, mā ḥadāš, fišš ḥada, mā ḥad* oder *wala ḥada.*

• *kull wāḥad* heißt „jeder".

Völlige Unbestimmtheit drückt aus

• *ḥayyalḷa* „irgendeiner, ein beliebiger" (Personen und Sachen). Der Ausdruck kann allein stehen oder von einem Nomen gefolgt werden, etwa *ḥayalḷa maktūb* „irgendein Schriftstück".

Überraschend ist vielleicht der Gebrauch von

• *iši* „irgendwelche (Personen)"

iši biqūl ... w-iši biqūl „welche sagen ..., und welche sagen"

w-fī iši kān ydaxxin ġalyōn w-fī iši kān ydaxxin sīgār „und es gab welche, die rauchten Pfeife und es gab welche, die rauchten Zigarre".

In dieser Funktion kann auch einfach *fī* „es gibt welche, die..." stehen.

Daneben bezeichnet *iši* natürlich die Unbestimmtheit der Sache

• *iši* (seltener *šī*) „etwas".

Es kann auch ein attributives Adjektiv bei sich stehen haben:

iši ʕağīb „etwas Wunderbares"

iši ġarīb „etwas Merkwürdiges"

iši tāni „etwas anderes".

• *šī* oder *iši* kann auch im Sinne von „irgend so ein, eine Art von" stehen:

hāt šī ḥabl „reich mir irgendein so ein Seil, so etwas wie ein Seil"

taʕāl šī yōm „komm an irgendeinem beliebigen Tag"

iḥkīli šī quṣṣa „erzähl mir irgend eine Geschichte"

mandīl iši „irgend so ein Stück Stoff"

fišš iši heißt „nichts", *wala iši* „gar nichts", *ayya iši* „irgendetwas", *kull iši* „alles", *awwal iši* „zuerst, erstens", *tāni iši* „zweitens, weiterhin". *w-iši* kann auch „usw." heißen: *buṭbux w-iši* „er kocht usw.", *awāʕi w-iši* „Kleider usw."

Für „Sache, Ding" wird noch benutzt

• *šaġle, ḥāğe, ġaraḍ* „Sache, Ding; etwas".

Noch unbestimmter ist

• *ayy(a)* „irgendetwas, irgendein(e/es)"

ayy(a) balad „irgendein Land", *ayy(a) wāḥad* „irgendeiner", *ayy(a) iši* „irgendetwas". *ayy(a)* hatten wir in § 17 bereits als Interrogativpronomen „welcher, welche, welches" kennengelernt. Welche der beiden Bedeutungen im konkreten Fall zutrifft, ergibt sich in der Regel aus dem Kontext.

Zahlreiche Indefinita werden mittels *-ma* gebildet:

šū-ma „was auch immer"

kīf-ma „wie auch immer"

ēmta-ma „wann auch immer"

mīn-ma „wer auch immer".

Wenn einem ein Wort oder der Name einer Sache nicht einfällt, wird als Platzhalter gerne verwendet

• *šū ismo,* zusammengezogen auch *šūsmo* oder *šusmo* „Dings, Dingsbums (wörtl.: was ist sein Name)“:

humme yaʕni, in-niswān fil-šūsmo „die also, die Frauen, sind in der Dingsbums“ (gemeint war „Küche“)

badat haṭ-ṭable w-haz-zamra w-hal-šūsmo „es begann das Trommeln und das Tröten und das Was-weiß-ich“.

• *akam min* + Sg. „einige“

In der Regel versteht man darunter eine Größenordnung zwischen drei und neun:

akam min yōm „einige Tage“, *akam min wāḥad* „einige Personen“.

• *baʕḍ* „einige, etwas“ (vgl. § 76) steht mit folgendem Genitiv:

baʕḍ in-nās „einige Leute“

baʕḍ il-waqt „etwas Zeit“.

• *flān,* f. *flāne* „N.N., Soundso; Dings“

flān steht als Platzhalter für den Namen einer Person, adjektivisch als *flāni* auch für eine Sache. *hī bint ⁱflān … w-dārha fil-maḥall l-ⁱflāni* „sie, die Tochter des Soundso … und ihr Haus ist an dem und dem Platz“.

• Unbestimmtes „man“ wird gerne durch die 3. Person Pl. des Verbs ausgedrückt:

dallū ʕa dār il-muxtār „man wies ihn zum Haus des Bürgermeisters“

kānu min zamān yirkabu ʕala l-xēl „früher ritt man auf Pferden“

bisammū xabīr „man nennt ihn einen Experten“.

Auch die 2. Ps. kann gelegentlich unpersönlich übersetzt werden:

btiʕrifš tibni sanāsil? „weißt du nicht, wie man Mauern baut?“

mitl / zayy mā tqūl „wie man so zu sagen pflegt“.

Daneben kann man für „man“ auch benutzen

• *il-wāḥad* „man“

šū biddo yiʕmal il-wāḥad? „was will man machen?“

miš bixatyir il-wāḥad „wird man denn nicht alt?“

Wie eingangs in diesem Abschnitt beschrieben, kann *il-wāḥad* aber auch „einer, jeder einzelne“ heißen: *il-wāḥad zayy il-ʕūd* „jeder wie eine Gerte“.

Unpersönliches „es“ bei Naturerscheinungen und Zeitangaben wird gerne ausgedrückt mit

• *id-dunya, id-dinya* „es“ (wörtl.: die irdische Welt):
id-dunya šōb „es ist heiß“
id-dunya šita „es regnet“
id-dunya s-sāʕa ṭnaʕš fil-lēl „es ist zwölf Uhr nachts“
id-dunya qamar „der Mond scheint“.

• *tāni, uxra, ġēr* „andere/r/s“
tāni blād „andere Regionen“
madīne tānye „eine andere Stadt“
it-tāni „der andere“
iši tāni „etwas anderes“
wāḥad tāni „ein anderer“
waḥade tānye „eine andere“
uxra sūʔāl „eine andere Frage, noch eine Frage“
uxra muʕⁱǧze „ein anderes Wunder“.
Zu *ġēr* siehe auch das vorhergehende Kapitel:
ġēri „ein anderer als ich“
mā sawwat hal-ʕamal ġēr binti „diese Tat hat keine andere als meine Tochter vollbracht“.

• „der eine … der andere“ wird durch *wāḥad … wāḥad, hāda … hāda* oder *ḥada … ḥada* ausgedrückt, also durch Wiederholung des Unbestimmtheitsausdrucks der Person:
wāḥad baʕd wāḥad „einer nach dem anderen“
waḥada bitqūl la waḥada „eine sagt zur anderen“
hāda ḥaǧǧ ḥiǧǧto w-hāda ḥaǧǧ ḥiǧǧto „der eine trug seine Argumente vor, und der andere trug seine Argumente vor“
mā ḥada wiṣil ḥada „keiner ging mehr zum anderen“.

LEKTION 29 / *id-dars it-tisʕa w-ʕišrīn*

§ 84: Der X. Stamm

Auch der X. Stamm ist relativ selten. Viele seiner Verben sind Entlehnungen aus dem Hocharabischen. Ursprünglich war er der Reflexivstamm zum IV. Stamm, doch ist davon nur noch wenig zu spüren. Er wird gebildet nach:

stafʕal / yistafʕil

Beispiele von starken Verben im X. Stamm sind:
staʕmal / yistaʕmil „gebrauchen, verwenden"
stasmaḥ / yistasmiḥ „um Verzeihung bitten"
staʕǧal / yistaʕǧil „in Eile sein"
staqbal / yistaqbil „empfangen, aufnehmen".

Ein vollständiges Paradigma findet sich in Tafel VII.

Verba primae Hamza werden heute meist stark flektiert:
staʔǧar / yistaʔǧir „mieten (etw)".
Einige Sprecher elidieren jedoch das Hamze und längen ersatzweise das *a,* was die alte, echt dialektale Form ist: *stāǧar / yistāǧir.*

Geminierte Verben zeigen einen Vokalwechsel zwischen Perfekt und Imperfekt: *staʕadd / yistʕidd* „sich vorbereiten". Mitunter hört man dabei auch im Imperfekt an das Hocharabische angelehnte Formen, in diesem Fall *yistaʕidd* statt *yistʕidd.* Ebenso *staradd / yistridd, yistaridd* „zurückfordern". Zur Flektion siehe Tafel IX, Spalte 4.

Auch Verba primae infirmae werden stark flektiert:
stawṭan / yistawṭin „sich ansiedeln".

Es gibt wenige Beispiele von Verba mediae infirmae im X. Stamm, trotzdem gleich drei verschiedene Typen. Zunächst der stark flektierte Typ:
statyas / yistatyis „für dumm verkaufen (jn)"
staǧwaz / yistaǧwiz „ins heiratsfähige Alter kommen".
Dann gibt es Formen mit Langvokal *ī* im Imperfekt:

stafād / yistfīd „Nutzen ziehen“
stafāq / yistfīq „aufwachen, zu sich kommen“.
Schließlich Formen, die wie im Hocharabischen noch ein *a* im Imperfekt haben:
starāḥ / yistarīḥ „sich ausruhen, eine Ruhepause machen“
staqām / yistaqīm „bleiben, verweilen, sich aufhalten“.
All diese Formen werden je nach Sprecher und Dialekt munter durcheinandergeworfen, Sie brauchen sich nicht alle zu merken, wenn Sie eine davon bilden können, genügt es vollauf. Ein Paradigma des schwach flektierten Typs finden Sie in Tafel X, Spalte 5.

Die Verba tertiae infirmae (vgl. Tafel XI) werden alle flektiert wie:
staǧra / yistaǧri „wagen, sich getrauen“
staḥla / yistaḥli „für sehr schön halten, ganz besonders Gefallen finden (an etw)“.

Das Partizip Aktiv wird gebildet wie *mistaʕmil* „gebrauchend“ und Passiv wie *mustaʕmal* „gebraucht“. Der Vokal des Präfixes schwankt dabei zwischen *i* und *u*. Das in der Mitte schwache Verb bildet ein aktives Partizip nach *mist(a)rīḥ* „ruhend“, ein passives Partizip ist ungebräuchlich.

Das Verbalnomen lautet wie im Hocharabischen *istifʕāl,* etwa *istiqbāl* „Empfang“, *istiʕmāl* „Gebrauch“.

§ 85: Verbalnomina

Im Unterschied zu den höheren Stämmen gibt es beim Grundstamm keinen bestimmten Morphemtyp für das Verbalnomen. In einem guten Wörterbuch ist deshalb zu jedem Verb im Grundstamm auch das zugehörige Verbalnomen angegeben. Im Folgenden einige Beispiele von Typen:
faʕl : *katb* „Schreiben“, *ḍarb* „Schlagen“, *qatl* „Töten“
fiʕl : *ʕilm* „Wissen“, *ḥilm* „Träumen, Traum“, *ḥiss* „Fühlen, Empfinden“
fuʕl : *šurb* „Trinken“, *šuġl* „Arbeit“, *ḥukm* „Urteilen, Herrschen“
fʕāl : *ḥsāb* „Rechnen, Rechnung“
fʕūl : *ṭlūʕ* „Weggehen“, *ṣdūr* „Herausgeben, Erlass“
faʕāl : *barād* „Kühle“

faʕīl : *ġasīl* „Waschen, Wäsche“
faʕal : *ʕamal* „Arbeiten, Arbeit“, *maraḍ* „Kranksein, Krankheit“
faʕle : *katra* „Vielzahl, Fülle“, *raḥme* „Erbarmen“
fiʕal : *riḍa* „Zustimmung, Einwilligung“
faʕalān : *ṭayarān* „Fliegen“
... und viele andere mehr.

An Verbalnomina zu Handlungen kann die Femininendung angehängt und damit ein Nomen vicis der einmaligen Handlung gebildet werden:
ḍarb „Schlagen“ – *ḍarbe* „ein Schlag“
akl „Essen“ – *akle* „eine Mahlzeit“
šōf „Sehen“ – *šōfe* „ein Blick“.

Für die höheren Stämme fassen wir die Angaben zur Gestalt der Verbalnomina aus den vorangehenden Kapiteln zusammen:

II	*tafʕīl* , *tifʕīl*
III	*mfāʕale*
IV	*ifʕāl*
V	*t(a)faʕʕul*
VI	*t(a)fāʕul*
VII	*inf(i)ʕāl*
VIII	*ift(i)ʕāl*
IX	*ifʕ(i)lāl*
X	*istifʕāl*

§ 86: Nomina loci und Nomina instrumenti

Mittels der Vorsilbe *ma-* lassen sich Ortsnomina bilden. Deren Morphemtyp lautet genauer *mafʕal(e)*. So bildet man etwa zu *katab* „schreiben“ *maktab* = Ort, an dem man schreibt = „Büro“ und zu *daras* „lernen“ *madrase* = Ort, an dem man lernt = „Schule“. Der Ort, an dem früher die Reisenden die Traglasten von ihren Tieren niedergelegt haben *(ḥaṭṭ),* wurde zur *maḥaṭṭa* „Haltestelle“. Weitere Beispiele:

maṭbax „Küche“
mafraq „Abzweigung, Kreuzung“
mazraʕa „Feld, Acker“
maqʕad „Sitzplatz“
madīne „Stadt“ (= Gerichtssitz)
maġfar „Polizeistation“. Das Wort ist entstanden aus *maxfar* zum Verb *xafar* „überwachen“. Das *x* darin ist schon vor sehr langer Zeit stimmhaft zu *ġ* geworden. Dadurch sieht das Nomen aus, als würde es semantisch zu *ġafar* „verzeihen“ gehören. Die Polizeistation ist somit jetzt ein Ort des Verzeihens geworden.

Werkzeuge und Instrumente werden mittels der Vorsilbe *mi-* und dem Morphemtyp *mifʕal(e)* oder *mifʕāl(e)* gebildet. Mitunter ist der Vokal der Vorsilbe auch *u* statt *i*.
mixraz „Ahle“ zu *xaraz / yuxruz* „durchbohren, durchstechen“
miḥlab „Milchtopf“ zu *ḥalīb* „Milch“
misbaḥa „Rosenkranz“ = das Instrument, mit dem man *subḥān Aḷḷāh* „gepriesen sei Gott“ sagt.
mišnaqa „Strang“ zu *šanaq / yušnuq* „aufhängen (jn am Galgen)“
mikⁱnse „Besen“ zu *kannas* „fegen“
miftāḥ oder *muftāḥ* „Schlüssel“ zu *fataḥ* „öffnen“
minšār oder *munšār* „Säge“ zu *našar / yunšur* „(zer)sägen“
mīzān „Waage“ zu *wazan / yūzan* „wiegen“.

Gerät das *i,u* der Vorsilbe in eine unbetonte, offene Silbe, so entfällt es:
mqaṣṣ „Schere“ zu *qaṣṣ / yquṣṣ* „schneiden“
mrāye „Spiegel“ zum alten und nicht mehr gebräuchlichen Verb *ara* „sehen“.

LEKTION 30 / *id-dars it-talatīn*

§ 87: Irreguläre Verben

Eine kleine Gruppe von Verben passen nicht so recht in das Schema der zehn Stämme. Dazu gehören die bereits erwähnten Verba primae Hamze

akal / yākul „essen“ und *axad / yāxud* „nehmen“.

Wie bereits in § 45 beschrieben, ist im Imperfekt das Hamza geschwunden, ersatzweise der Vokal gelängt. Manche städtischen Sprecher senken bei diesen beiden Wörtern den Basisvokal *u* zu *o: yākol, yāxod.* Bäuerlich beeinflusste Sprecher senken das *ā* zu *ō: yōkil, yōxid.* Eine weitere Besonderheit dieser Wurzeln ist, dass im Imperfekt die erste und dritte Person Singular zusammenfallen können: *bāxud* „ich nehme“ oder „er nimmt“ (letzteres auch *byāxud*). Zum Paradigma vgl. Tafel VIII.

Zahlreiche Besonderheiten finden sich beim Verb

ağa / yīği „kommen“.

Für jede Form gibt es zwei Varianten, bespielsweise *ağa* ~ *iğa* „er kam“, *ğīt* ~ *iğīt* „ich kam“, *yīği* ~ *yiği* „dass er kam“ usw. Eine vollständige Übersicht finden Sie in Tafel XIV. Eine weitere Besonderheit ist der suppletive Imperativ *taʕāl* „komm“, f. *taʕāli,* Pl. *taʕālu.* Auch dazu existieren alternative Kurzformen *taʕ, taʕi, taʕu,* die aber nicht unbedingt besonders feine Ausdrucksweisen sind, deshalb nur bei Tieren oder bei Personen verwendet werden können, mit denen man einen vertrauten Umgangston pflegt.
Auch das aktive Partizip existiert in zwei Varianten *ğāy,* f. *ğāye,* Pl. *ğāyīn* und *ğāyy, ğāyye, ğāyyīn.* Besonders hervorzuheben ist beim Partizip, dass die maskuline Form auch bei Feminina stehen kann: *is-sane iğ-ğāy* „kommendes Jahr“.
Das Verb *ağa* wird in ebenso weitem Sinne wie in manchen deutschen Dialekten gebraucht, vgl. etwa Wendungen wie „er ging her und ...“ oder „komm, geh fort“: *ağa aʕṭā binto* „da gab er ihm seine Tochter zur Frau“, *ağa rawwaḥ* „da ging er nach Hause“. *bīği* wird gerne benutzt um „ca., ungefähr, bis zu“

auszudrücken: *biǧi šahr* „ca. ein Monat“, *biǧi b-alf dīnār* „für ungefähr tausend Dinar“.

Das Verbalsubstantiv heißt *ǧēne* „Kommen“.

Leicht unregelmäßig ist

aʕṭa / yaʕṭi „geben (jm; etw)“.

Das Perfekt ist wie ein IV. Stamm eines Verbs tertiae infirmae, im Imperfekt findet sich aber abweichend *a* statt *i* als Präfixvokal. Das vollständige Paradigma findet sich ebenfalls in Tafel XIV. Auch im Imperativ gibt es eine Besonderheit: Der von derselben Wurzel gebildete Imperativ *aʕṭi* wird nur mit Suffix verwendet, beispielsweise *aʕṭīni* „gib mir“. Um ein schlichtes „gib (her)“ ohne Suffix auszudrücken, dient *hāt,* f. *hāti,* Pl. *hātu.* Diese Wurzel existiert nur im Imperativ, es gibt keine Verbform dazu.

Eine ähnliche Unregelmäßigkeit weist auf

aṭʕam / yiṭʕam „nähren, ernähren (jn), zu essen geben (jm)“.

Im Perfekt ist es ein normaler IV. Stamm, der Subjunktiv lautet aber nicht *yiṭʕim,* sondern *yiṭʕam,* also wie ein Grundstamm, etwa vom (a,a)-Typ. Mit derselben Bedeutung wird mitunter auch das vierradikalige Verb *ṭaʕma / yṭaʕmi* verwendet.

Eine Mischung aus V. und X. Stamm zur Wurzel ʔNY ist das Verb

stanna / yistanna „warten“.

Es wird flektiert wie ein V. Stamm eines Verbs tertiae infirmae (siehe Tafel XIV).

Ebenfalls eine Kreuzung aus V. und X. Stamm ist

strayyaḥ / yistrayyaḥ „sich ausruhen“.

Es wird konjugiert wie ein Verb aus dem V. Stamm. Nur alte Sprecher benutzen es, heute ist der V. Stamm *trayyaḥ* dafür gebräuchlicher.

Ein V. Stamm mit Metathese des präfigierten *t* ist

rtakkan / yirtakkan „sich verlassen, sich stützen können (auf jn *ʕala*)“.

Das Verb wir nur in der 3. Person benutzt: *birtakkan ʕalē, ʕalēha, ʕalēkum* „man kann sich auf ihn, sie, euch verlassen“.

Denominal abgeleitet von *ḥsāb* „Rechnung“, auch „Dafürhalten“, ist das völlig irregulär gebildete Verb

ḥsāb / yiḥsāb „halten für, zurechnen“.

Es wird wohl nur im Imperfekt gebraucht. Beispiele: *biḥsābo fallāḥ* „er hält ihn für einen Bauern“, *baḥsābak ruḥt* „ich dachte, du wärst gegangen“.

Eine ganze Reihe von Wurzeln mediae infirmae wird regelwidrig stark flektiert, beispielsweise:
ziwir / yizwar „sich verschlucken“, *ʕiwiz / yiʕwaz* „brauchen, benötigen“. In höheren Stämmen etwa *aḥwağ / yiḥwiğ* „bedürfen, benötigen“, *staryaḥ / yistaryiḥ* „bequem finden, leicht finden (etw *la, min*)“. Solche Verben werden jedoch nur selten benutzt, Sie brauchen sie sich nicht zu merken. Das einzige, was Ihnen haften bleiben sollte, ist, dass bei Mediae infirmae mitunter starke Flektionen vorkommen.

§ 88: Verbmodifikatoren und Hilfsverben

• *qāʕid* (wörtl. „sitzend“), *ʕam* < *ʕammāl* (wörtl. „Machen“):

qāʕid dient zur Bildung der Verlaufsform:
qāʕid baktub „ich schreibe gerade“
šū qāʕde bitsawwi? „was tust du (fem.) gerade?“
In derselben Funktion kann auch *ʕam* verwendet werden:
ʕambaktub „ich schreibe gerade“.
Die Langform *ʕammāl* kann auch mit Personalpronomen verbunden werden:
ʕammāl baktub = *ʕammāli baktub* „ich schreibe gerade“.

Nach all diesen Modifikatoren kann auch der Subjunktiv stehen:
qāʕid aktub = *ʕamaktub* = *ʕammāl aktub* = *ʕammāli aktub* „ich schreibe gerade“.

• *ta-* (< *ḥatta* wörtl.: „bis“):

ta- verbunden mit dem Subjunktiv oder Perfekt steht für „dass, auf dass, damit, um, um zu, bis, als, wenn“:
ta-nšūf „auf dass wir sehen“
ta-ylāqi wāḥad „damit er einen findet“
ta-faṣalūhum „um sie abzusondern“

ta-yišrabu „bis sie trinken“
ta-ağa „bis/als er zurückkam“
ta-yūṣalu „wenn/bis sie ankommen“.

• *rāḥ* (wörtl.: „gehen“):

Erstarrtes *rāḥ* mit Subjunktiv dient zum Ausdruck eines angestrebten oder erwarteten Geschehens in der unmittelbaren Zukunft:
ana rāḥ adabbro „ich werde es ihm zeigen“
rāḥ yuqtulni „er wird mich umbringen“.

• *kān* (wörtl.: „sein“):

kān mit Subjunktiv bezeichnet das durative Perfekt, also ein andauerndes oder sich wiederholendes Geschehen in der Vergangenheit. Es wird parallel zum Hauptverb im Subjunktiv flektiert:
kunt arawwiḥ bakkīr „ich pflegte früh heimzugehen“
kānat tudrus fi Ḥēfa „sie studierte in Haifa“.
Statt Subjunktiv kann auch ein Partizip stehen, was den längeren Verlauf noch unterstreicht:
kān sākin ǧambi „er wohnte neben mir“
kānat lābse banṭalōn „sie pflegte Hosen zu tragen“.

• *bidd-* (wörtl.: „wollen“):

bidd- mit Subjunktiv drückt ein Wollen, Sollen, Müssen aus oder dient zum Ausdruck des Futurs:
šū biddak tiʕmil? „was willst du machen?“
biddhum yuqᵘʕdu ʕal-qahwe „sie wollen ins Café gehen“
biddo yuxṭubha „er möchte um ihre Hand anhalten“
kīf biddi anzil ⁱmn is-sayyāra? „wie soll ich aus dem Auto aussteigen?“
biddak trūḥ „du musst gehen“
biddak tdabbir ḥālak „du musst dich damit abfinden“
biddi asāfir bukra „ich werde morgen verreisen“
biddo yiǧi „er wird kommen“.
In die Vergangenheit gesetzt wird es mit *kān:*
kunt biddi asāfir „ich wollte verreisen“
kānat biddha tšūfo „sie wollte ihn sehen“.

• *qām* (wörtl.: „aufstehen"):

qām bezeichnet ein neu eintretendes Geschehen in der Vergangenheit und drückt „sich aufmachen, sich daranmachen" aus. Eine gute Übersetzung ist meist „da, und da". Es kongruiert mit dem nachfolgenden Verb:
qumt qultlo „da sagte ich zu ihm"
qām aǧa hal-fāris „da kam ein Reiter"
qāmat ṭabxat maqlūbe „da kochte sie Maqlūbe"
qumna ruḥna „da gingen wir".

• *aǧa, iǧa* (wörtl.: „kommen")

Genau in derselben Bedeutung wie *qām* wird seltener *aǧa* verwendet:
iǧīt ṭaxxēt fī „da schoss ich auf ihn".

• *dār* (wörtl.: „sich drehen"):

Bedeutung wie *qām,* jedoch in der Regel mit Subjunktiv, auch im Sinne von „beginnen, anfangen etwas zu tun":
dār yliff iṭ-ṭēr „der Vogel begann herumzufliegen"
dārat ⁱtqullo „da sagte sie zu ihm".

• *qaʕad* (wörtl.: „sich setzen"):

Bedeutung und Gebrauch wie *dār,* aber oft wird es auch in seiner Grundbedeutung verwendet:
qaʕad yistanna „da wartete er"
qaʕad il-walad yišbaʕ „da wurde der Junge satt"
qaʕad yfakkir „er setzte sich sinnend hin".

• *ṣār / yṣīr* (wörtl.: „werden"):

ṣār mit Subjunktiv bezeichnet ein in der Vergangenheit neu eintretendes und dann andauerndes oder sich wiederholendes Geschehen:
ṣārat tibki „sie begann zu weinen"
ṣāru yrūḥu w-yīǧu ʕalēna „sie besuchten uns von nun an regelmäßig".
Bei Verwendung von *biṣīr* ist das Geschehen außerzeitlich oder in der Gegenwart ablaufend. Auch in der Erzählzeit findet es Verwendung:
biṣīr yuḍrub fil-bāb „und da schlägt er an die Tür"
marrāt il-wāḥad biṣīr yqūl „mitunter sagt dann einer".

• *ḍall / yḍall* (wörtl.: „bleiben"):

ḍall mit Subjunktiv oder Partizip bezeichnet ein weiterhin ablaufendes Geschehen in der Vergangenheit oder Gegenwart:
ḍall yiğri „er lief weiter"
ḍall yitwalwal „er klagte weiter"
ḍallat nāyme „sie schlief weiter"
bitḥibb ⁱtḍall ʕāyiš willa tmūt? „willst du weiter am Leben bleiben oder sterben?"
xallī yḍall rāḍi ʕalēna „lass ihn uns weiter gewogen erhalten"
biḍall yidʕi ʕalēna „er hört nicht auf, uns zu verfluchen"
bitḍall tqullo „sie sagt weiter zu ihm".

• *radd / yrudd* (wörtl. „zurückgeben"):

radd gefolgt von einem in der Form kongruierenden Verb bedeutet die Handlung „wieder tun, noch einmal tun". Dem Imperfekt *birudd* folgt das Verb im Subjunktiv oder Indikativ:
radd štaġal „er arbeitete wieder"
raddu xabbū „wieder versteckten sie ihn"
raddat ğābat walad „wieder bekam sie einen Sohn"
ruddu (u)ḍᵘrbūhum „schlagt sie noch einmal"
xōf yrudd yirğaʕ ʕalē „aus Furcht, dass er wieder zu ihm zurückkommt"
bitrudd ⁱtḥutt/bitḥuṭṭ īdha ʕa kitfo „wieder legt sie ihre Hand auf seine Schulter".

• *ʕād / yʕūd* (wörtl.: „zurückkehren") oder *ʕāwad / yʕāwid* (wörtl.: „zurückkehren"):

ʕād hat praktisch dieselbe Bedeutung wie *radd*, also „etwas wieder tun, noch einmal tun":
w-ʕād yqūl ⁱb-rāso hēk „und wieder macht er mit seinem Kopf so"
ʕāwadat axdat il-ʕaṣā „wieder nahm sie den Stock".

Leonhard an seinem 92. Geburtstag am 9. Mai 1957

Leonhard Bauer (1865-1964)

Johann Georg Leonhard Bauer wurde am 9.5.1865 in Niederstetten nahe Bad Mergentheim im Hohenlohischen in Franken geboren. Sein Vater, der Bauer und Weber war, schickte ihn nach abgeschlossener Schulausbildung auf das Lehrerseminar in das nicht weit entfernte Künzelsau/Württemberg. Danach arbeitete er einige Zeit als Lehrer und Hauslehrer. Geprägt durch seine schwäbisch-pietistische Erziehung erwachte in ihm bald der Wunsch, in der evangelischen Mission tätig zu werden, und er reiste in das Missionsseminar nach Basel, um sich auf seinen Dienst vorzubereiten. Dort wurde er jedoch zu seiner großen Enttäuschung für nicht tropentauglich befunden und musste unverrichteter Dinge wieder heimreisen. Daheim fand er eine Nachricht vor, dass das Syrische Waisenhaus in Jerusalem einen Lehrer für sein Lehrerseminar suche, und er bewarb sich unverzüglich für diese Stelle. An seinem 25. Geburtstag im Jahre 1890 erhielt er die Berufung an das dortige Lehrerseminar. Er zögerte nicht lange: Drei Wochen später, Ende Mai/Anfang Juni 1890, kam er in Jerusalem an.

Das Syrische Waisenhaus in Jerusalem, auch „Schneller-Schule" genannt, war eine Gründung des evangelischen Lehrers und Missionars Johann Ludwig Schneller (1820–1896). Der später von einer großen Mauer umgebene stattliche Gebäudekomplex ging aus dem Privathaus des Gründers hervor, auf einem Hügel nordwestlich der Altstadt gelegen, ca. drei Kilometer vom Jaffa-Tor entfernt. Im Jahre 1860 öffnete das Syrische Waisenhaus seine Pforten, zunächst für Waisenkinder aus dem heutigen Libanon, Opfer der damaligen Christenverfolgungen, danach für alle christlichen Waisen der Region, später insbesondere für überlebende Kinder des Genozids an den Armeniern. Daneben wurden am Lehrerseminar des Syrischen Waisenhauses einheimische christliche Lehrer für das Missionsschulwesen in Palästina ausgebildet. Zu der Anstalt gehörten neben Wohn- und Schlafräumen sowie Klassenzimmern zahlreiche Lehrwerkstätten wie z.B. Bäckerei, Druckerei, Buchbinderei, Schreinerei mit Drechslerei, Schneiderei, Töpferei mit Ziegelei, Schlosserei und Schusterei; weiter eine Kirche, ein Laden, eine Großküche mit Speisesaal, ein Blindenheim mit Werkstatt, ein Mädchenheim, ein Spielplatz, ein Weinberg, eine Imkerei, Ställe sowie Blumen- und Gemüsegärten. Besonderes Augenmerk wurde auf die musikalische Ausbildung und Förderung der Zöglinge gelegt. Schließlich hatte die Anstalt noch zahlreiche Häuser und Ländereien außerhalb des Geländes, darunter einen großen landwirtschaftlichen Lehrbetrieb in der Nähe von Ramle.

Nach seiner Ankunft übernahm Leonhard Bauer im Lehrerseminar den Deutsch- und Französischunterricht. Daneben bekam er den Auftrag, sich so rasch wie möglich in die arabische Sprache einzuarbeiten. Denn einerseits mangelte es an Lehrern für den ebenfalls obligatorischen Arabischunterricht, andererseits legte die Mission stets größten Wert darauf, das Evangelium in der jeweiligen Landessprache zu verkünden.

1903 erschien sein Buch „Volksleben im Land der Bibel", in dem neben der Beschreibung von Sitten und Gebräuchen zahlreiche Sprichwörter, Rätsel, Reime und Volkslieder enthalten sind. Das Werk war bei seinem Erscheinen ein großer Erfolg, so dass noch im selben Jahr eine zweite Auflage gedruckt wurde.

1910 erschien seine Grammatik mit Übungsbuch und Chrestomathie „Das Palästinische Arabisch: Die Dialekte des Städters und des Fellachen". Es liefert in übersichtlicher und komprimierter Form einen umfassenden Überblick über das gesprochene Arabisch Jerusalems und seiner weiteren Umgebung. Gustaf Dalman schrieb in seinem Vorwort: „Ich wüßte nicht, daß irgend ein lebender arabischer Dialekt für die Einzelheiten seines Sprachgebrauchs eine zutreffendere und inhaltsreichere Beschreibung gefunden hätte." 1930 erschien sein „Wörterbuch der arabischen Umgangssprache", das als Deutsch-Arabisches Dialektwörterbuch bis heute konkurrenzlos geblieben ist. Simon Hopkins schreibt in einem unveröffentlichten Vortrag: „This splendid work is a masterpiece [...] I cannot think of any other dictionary of a Semitic Language which manages to pack such an extraordinary amount of information into such little space. It is a miracle of conciseness and organization."

Eine Grammatik, eine Ethnographie, ein Wörterbuch. Mit dieser Trilogie legte Leonhard Bauer nicht nur das Fundament zur Erforschung des Palästinensisch-Arabischen: Bis heute gibt es niemandem, der auf diesem Gebiet Bedeutenderes geschaffen hat.

Während des II. Weltkriegs lebte er mit seiner Familie in verschiedenen britischen Internierungslagern. Als er im April 1948 entlassen wurde, war die Lage im Land äußerst gespannt. Leonhard Bauer fand mit seiner Tochter Irmela Zuflucht in Ramallah bei der christlichen Familie eines ehemaligen Mitarbeiters des Syrischen Waisenhauses. Als auch dort die Situation durch die Flüchtlingsströme aus Jaffa, Lidd und Ramle und durch Bombenangriffe der israelischen Luftwaffe immer kritischer wurde, entschloss er sich, wie Hunderttausende andere in dieser Zeit auch, zur Flucht in den Libanon. Im August 1948, 83 Jahre alt, kam er mit seiner Tochter Irmela in Shamlān an. Shamlān liegt auf einem Ausläufer des Libanon-Gebirges, ca. 25 Kilometer südöstlich von Beirut. Dort war es ihm vergönnt, nach den vergangenen turbulenten zehn Jahren wieder zur Ruhe zu kommen und seine Studien wieder aufzunehmen. Er sammelte weiter und füllte seine Zettelkästen nun mit libanesischem Wortschatz. 1955 besuchte ihn Anton Spitaler und regte eine überarbeitete Neuauflage des Wörterbuchs an. Unterstützt von seiner Tochter Irmela vollendete er diese Arbeit und konnte 1957, in seinem 93. Lebensjahr, das Erscheinen der zweiten Auflage beim Harrassowitz-Verlag in Wiesbaden erleben.

Leonhard Bauer starb am 19.11.1964 in Shamlān und wurde auf dem evangelischen Friedhof in Beirut beerdigt. Fritz Steppat, der zu jener Zeit Leiter des Orient-Instituts Beirut war, äußerte in seinem Nachruf im „Evangelischen Gemeindeblatt Beirut" vom Dezember 1964 die Hoffnung, dass aus den zahlreichen Korrekturen und Ergänzungen, die Leonhard Bauer noch bis zu seinem Tode an seinem Wörterbuch vorgenommen hatte, eine dritte Auflage entstehen möge. Dazu ist es nicht mehr gekommen, die Zettelkästen sind heute leider verschollen. Leonhard Bauer wünschte zu seiner Beerdigungsfeier „nur Gottes Wort, Lied und Gebet mit besonderer Betonung von Lob und Dank". Demut, Fleiß und eine tiefe Religiosität haben sein Leben geprägt, das mit einem Jahrhunderttalent für die arabische Dialektologie gesegnet war.

* Dieser Lebensabriss ist eine gekürzte Fassung meines Beitrages zur Festschrift für Raif Georges Khoury „Im Dialog bleiben" (Wiesbaden: Harrassowitz, 2011).

Verzeichnis der Tafeln

Tafel I:	Personalpronomen (selbstständig und am Nomen)	151
Tafel II:	Präpositionen mit Personalpronomen	151
Tafel III:	Genitivexponent, Dativ- und Akkusativpronomen	151
Tafel IV:	Demonstrativ- und Interrogativpronomen/-adverbien	152
Tafel V:	Zahlen	152
Tafel VI:	Grundstamm des starken Verbs	153
Tafel VII:	Abgeleitete Stämme des starken Verbs	154
Tafel VIII:	Schwache Verben im Grundstamm	156
Tafel IX:	Abgeleitete Stämme der Verba mediae geminatae	158
Tafel X:	Abgeleitete Stämme der Verba primae und mediae infirmae	159
Tafel XI:	Abgeleitete Stämme der Verba tertiae infirmae	160
Tafel XII:	Übersicht über die höheren Stämme der schwachen Verben	162
Tafel XIII:	Vierradikalige Verben	163
Tafel XIV:	Irreguläre Verben	164
Tafel XV:	Verb mit Akkusativ-Suffixen	165
Tafel XVI:	Verb mit Dativ-Suffixen	166
Tafel XVII:	Negation durch *(mā)* ... *-š*	167
Tafel XVIII:	Negiertes Verb mit Akkusativ-Suffixen	168
Tafel XIX:	Die Stammformen des starken Verbs	170

TAFEL I : Personalpronomen (selbstständig und am Nomen)

	Selbstständiges Personalpronomen	Possessivpron. nach Konsonant		Possessivpr. nach Vokal	Possessivpr. nach Diphtong	Possessivpr. nach „Vater“
		ṣāḥ(i)b(e) „Freund(in)“		*dawa* „Medizin“	*riğlēn* „Füße“	*abu* „Vater“
Sg. 3. m.	*hū, huwwe*	*ṣāḥbo*	*ṣāḥibto*	*dawā*	*riğlē*	*abū*
f.	*hī, hiyye*	*ṣāḥibha*	*ṣāḥbitha*	*dawāha*	*riğlēha*	*abūha*
2. m.	*inte*	*ṣāḥbak*	*ṣāḥibtak*	*dawāk*	*riğlēk*	*abūk*
f.	*inti*	*ṣāḥbik*	*ṣāḥibtik*	*dawāki*	*riğlēki*	*abūki*
1. c.	*ana*	*ṣāḥbi*	*ṣāḥibti*	*dawāy(i)*	*riğlayy(i)*	*abūy(i)*
Pl. 3. c.	*humme*	*ṣāḥibhum*	*ṣāḥbithum*	*dawāhum*	*riğlēhum*	*abūhum*
2. c.	*intu*	*ṣāḥibku(m)*	*ṣāḥbitku(m)*	*dawāku(m)*	*riğlēku(m)*	*abūku(m)*
1. c.	*iḥna*	*ṣāḥibna*	*ṣāḥbitna*	*dawāna*	*riğlēna*	*abūna*

TAFEL II : Präpositionen mit Personalpronomen

	zayy „wie“	*fi* „in“	*min* „von, aus“	*maʕ* „zusammen mit“	*taḥt* „unter“
Sg. 3. m.	*zayyo*	*fī*	*minno*	*maʕo~maʕā*	*taḥto*
f.	*zayyha*	*fīha*	*minha*	*maʕha~maʕāha*	*taḥtha~taḥtīha*
2. m.	*zayyak*	*fīk*	*minnak*	*maʕak~maʕāk*	*taḥtak*
f.	*zayyik*	*fīki*	*minnik*	*maʕik~maʕāki*	*taḥtik*
1. c.	*zayyi*	*fiyyi*	*minni*	*maʕi~maʕāy(i)*	*taḥti*
Pl. 3. c.	*zayyhum*	*fīhum*	*minhum*	*maʕhum~maʕāhum*	*taḥthum~taḥtīhum*
2. c.	*zayyku(m)*	*fīku(m)*	*minku(m)*	*maʕku(m)~maʕāku(m)*	*taḥtku(m)~taḥtīku(m)*
1. c.	*zayyna*	*fīna*	*minna*	*maʕna~maʕāna*	*taḥtna~taḥtīna*

TAFEL III : Genitivexponent, Dativ- und Akkusativpronomen

	tabaʕ Genitiv mask.Sing	*tabʕat* Genitiv fem.Sing.	*tabaʕūn* Genitiv mask.Plural	*tabʕāt* Genitiv fem.Plural	*il-* Dativ ihm, ihr ...	*iyya-* Akkusativ ihn, sie ...
Sg. 3. m.	*tabaʕo*	*tabʕato*	*tabaʕūno*	*tabʕāto*	*ilo*	*iyyā*
f.	*tabaʕha*	*tabʕitha*	*tabaʕūnha*	*tabʕātha*	*ilha*	*iyyāha*
2. m.	*tabaʕak*	*tabʕatak*	*tabaʕūnak*	*tabʕātak*	*ilak*	*iyyāk*
f.	*tabaʕik*	*tabʕatik*	*tabaʕūnik*	*tabʕātik*	*ilik*	*iyyāki*
1. c.	*tabaʕi*	*tabʕati*	*tabaʕūni*	*tabʕāti*	*ili*	*iyyāni*
Pl. 3. c.	*tabaʕhum*	*tabʕithum*	*tabaʕūnhum*	*tabʕāthum*	*ilhum*	*iyyāhum*
2. c.	*tabaʕku(m)*	*tabʕitku(m)*	*tabaʕūnku(m)*	*tabʕātku(m)*	*ilku(m)*	*iyyāku(m)*
1. c.	*tabaʕna*	*tabʕitna*	*tabaʕūnna*	*tabʕātna*	*ilna*	*iyyāna*

TAFEL IV : Demonstrativ- und Interrogativpronomen/-adverbien

		Dem.pron. Nähere Deixis	Dem.pron. Fernere Deixis	Interrogativ-pronomen	„Andere(r)“	Demonstrativ-adverbien	
Sg.	m.	*hāda*	*hādāk*	*anū, ayy(a)*	*tāni, uxri*	*hōn(i), hāṇạ*	„hier“
	f.	*hādi , hayy*	*hādīk(e)*	*anī, ayy(a)*	*tānye, uxra*	*ġād(i), hạṇāk*	„dort“
Pl.	c.	*hādōl(a)*	*hādōlāk(e)*	*anum(me), ayy(a)*	*tānyīn, axāra*	*hallaq, halqēt*	„jetzt“
						hēk	„so“

TAFEL V : Zahlen

0	*sifr*		
1 m.	*wāḥad*	1 f.	*waḥade, waḥde*
2 m.	*tnēn*	2 f.	*tintēn*

	ohne Nennung des Gezählten	mit Nennung des Gezählten		ohne Nennung des Gezählten	mit Nennung des Gezählten
			11	*ḥda(ʕ)š*	*ḥda(ʕ)šar*
			12	*ṭna(ʕ)š*	*ṭna(ʕ)šar*
3	*talāte, tlāte*	*talat, talt, tlat*	13	*talaṭṭa(ʕ)š*	*talaṭṭa(ʕ)šar*
4	*arbaʕa, arbʕa*	*arbaʕ, arbʕ*	14	*arba(ʕ)ṭaʕš*	*arba(ʕ)ṭa(ʕ)šar*
5	*xamse*	*xamas, xams*	15	*xamasṭa(ʕ)š*	*xamasṭa(ʕ)šar*
6	*sitte*	*sitt*	16	*siṭṭa(ʕ)š*	*siṭṭa(ʕ)šar*
7	*sabaʕa, sabʕa*	*sabaʕ, sabʕ*	17	*saba(ʕ)ṭa(ʕ)š*	*saba(ʕ)ṭa(ʕ)šar*
8	*tamānye, tamanye*	*tamān, taman*	18	*tamanṭa(ʕ)š*	*tamanṭa(ʕ)šar*
9	*tisʕa*	*tisʕ*	19	*tis(a)(ʕ)ṭa(ʕ)š*	*tis(a)(ʕ)ṭa(ʕ)šar*
10	*ʕašara*	*ʕašar, ʕašr*	20	*ʕišrīn*	*ʕišrīn*

21	*wāḥad w-ʕišrīn* / f. *waḥde w-ʕišrīn*	30	*talatīn*
22	*tnēn w-ʕišrīn* / f. *tintēn w-ʕišrīn*	40	*arbaʕīn, arbʕīn*
23	*tlāte w-ʕišrīn*	50	*xamsīn*
24	*arbʕa w-ʕišrīn*	60	*sittīn*
25	*xamse w-ʕišrīn*	70	*sabaʕīn, sabʕīn*
26	*sitte w-ʕišrīn*	80	*tamanīn*
27	*sabʕa w-ʕišrīn*	90	*tisʕīn*
28	*tamanye w-ʕišrīn*	100	*miyye* (constr. *mīt*, Pl. *miyyāt*)
29	*tisʕa w-ʕišrīn*	200	*miyytēn*
300	*talat miyye*	2000	*alfēn*
400	*arbaʕ miyye*	3000	*talat tālāf*
1000	*alf* (Pl. *ālāf*, Zählplural *tālāf*)	4000	*arbaʕ tālāf*
1 000 000	*malyūn / malāyīn*	1 000 000 000	*malyār / malāyīr*

TAFEL VI : Grundstamm des starken Verbs

	Typ	(a,i) „ergreifen“	(a,u) „kochen“	(i,a) „machen“
PERFEKT	Sg. 3. m.	*masak*	*ṭabax*	*ʕimil*
	f.	*maskat*	*ṭabxat*	*ʕimlit*
	2. m.	*masakt*	*ṭabaxt*	*ʕmilt*
	f.	*masakti*	*ṭabaxti*	*ʕmilti*
	1. c.	*masakt*	*ṭabaxt*	*ʕmilt*
	Pl. 3. c.	*masaku*	*ṭabaxu*	*ʕimlu*
	2. c.	*masaktu*	*ṭabaxtu*	*ʕmiltu*
	1. c.	*masakna*	*ṭabaxna*	*ʕmilna*
SUBJUNKTIV	Sg. 3. m.	*yimsik*	*yuṭbux*	*yiʕmal*
	f.	*timsik*	*tuṭbux*	*tiʕmal*
	2. m.	*timsik*	*tuṭbux*	*tiʕmal*
	f.	*tim*^{i}*ski*	*tuṭ*^{u}*bxi*	*tiʕmali*
	1. c.	*amsik*	*aṭbux*	*aʕmal*
	Pl. 3. c.	*yim*^{i}*sku*	*yuṭ*^{u}*bxu*	*yiʕmalu*
	2. c.	*tim*^{i}*sku*	*tuṭ*^{u}*bxu*	*tiʕmalu*
	1. c.	*nimsik*	*nuṭbux*	*niʕmal*
IMPERFEKT	Sg. 3. m.	*bimsik*	*buṭbux*	*biʕmal*
	f.	*btimsik*	*btuṭbux*	*btiʕmal*
	2. m.	*btimsik*	*btuṭbux*	*btiʕmal*
	f.	*btim*^{i}*ski*	*btuṭ*^{u}*bxi*	*btiʕmali*
	1. c.	*bamsik*	*baṭbux*	*baʕmal*
	Pl. 3. c.	*bim*^{i}*sku*	*buṭ*^{u}*bxu*	*biʕmalu*
	2. c.	*btim*^{i}*sku*	*btuṭ*^{u}*bxu*	*btiʕmalu*
	1. c.	*mnimsik*	*mnuṭbux*	*mniʕmal*
IMPTV.	Sg. m.	*imsik*	*uṭbux*	*iʕmal*
	f.	*im*^{i}*ski*	*uṭ*^{u}*bxi*	*iʕmali*
	Pl. c.	*im*^{i}*sku*	*uṭ*^{u}*bxu*	*iʕmalu*
PARTIZIP	Akt. Sg. m.	*māsik*	*ṭābix*	*ʕāmil*
	f.	*māske*	*ṭābxa*	*ʕāmle*
	Pl. m.	*māskīn*	*ṭābxīn*	*ʕāmlīn*
	f.	*māskāt*	*ṭābxāt*	*ʕāmlāt*
	Pass. Sg. m.	*mamsūk*	*maṭbūx*	*maʕmūl*
	f.	*mamsūke*	*maṭbūxa*	*maʕmūle*
	Pl. m.	*mamsūkīn*	*maṭbūxīn*	*maʕmūlīn*
	f.	*mamsūkāt*	*maṭbūxāt*	*maʕmūlāt*

TAFEL VII : Abgeleitete Stämme des starken Verbs

	Stamm	II. „zerbrechen“	III. „helfen“	IV. „hinausbringen“	V. „sich wundern“
PERFEKT	Sg. 3. m.	*kassar*	*sāʕad*	*aṭlaʕ*	*tʕağğab*
	f.	*kassarat*	*sāʕadat*	*aṭlaʕat*	*tʕağğabat*
	2. m.	*kassart*	*sāʕadt*	*aṭlaʕt*	*tʕağğabt*
	f.	*kassarti*	*sāʕadti*	*aṭlaʕti*	*tʕağğabti*
	1. c.	*kassart*	*sāʕadt*	*aṭlaʕt*	*tʕağğabt*
	Pl. 3. c.	*kassaru*	*sāʕadu*	*aṭlaʕu*	*tʕağğabu*
	2. c.	*kassartu*	*sāʕadtu*	*aṭlaʕtu*	*tʕağğabtu*
	1. c.	*kassarna*	*sāʕadna*	*aṭlaʕna*	*tʕağğabna*
SUBJUNKTIV	Sg. 3. m.	*ykassir*	*ysāʕid*	*yiṭliʕ*	*yitʕağğab*
	f.	*tkassir*	*tsāʕid*	*tiṭliʕ*	*titʕağğab*
	2. m.	*tkassir*	*tsāʕid*	*tiṭliʕ*	*titʕağğab*
	f.	*tkassri*	*tsāʕdi*	*tiṭ*^{ɨ}*lʕi*	*titʕağğabi*
	1. c.	*akassir*	*asāʕid*	*aṭliʕ*	*atʕağğab*
	Pl. 3. c.	*ykassru*	*ysāʕdu*	*yiṭ*^{ɨ}*lʕu*	*yitʕağğabu*
	2. c.	*tkassru*	*tsāʕdu*	*tiṭ*^{ɨ}*lʕu*	*titʕağğabu*
	1. c.	*nkassir*	*nsāʕid*	*niṭliʕ*	*nitʕağğab*
IMPERFEKT	Sg. 3. m.	*bikassir*	*bisāʕid*	*biṭliʕ*	*bitʕağğab*
	f.	*bitkassir*	*bitsāʕid*	*btiṭliʕ*	*btitʕağğab*
	2. m.	*bitkassir*	*bitsāʕid*	*btiṭliʕ*	*btitʕağğab*
	f.	*bitkassri*	*bitsāʕdi*	*btiṭ*^{ɨ}*lʕi*	*btitʕağğabi*
	1. c.	*bakassir*	*basāʕid*	*baṭliʕ*	*batʕağğab*
	Pl. 3. c.	*bikassru*	*bisāʕdu*	*biṭ*^{ɨ}*lʕu*	*bitʕağğabu*
	2. c.	*bitkassru*	*bitsāʕdu*	*btiṭ*^{ɨ}*lʕu*	*btitʕağğabu*
	1. c.	*minkassir*	*minsāʕid*	*mniṭliʕ*	*mnitʕağğab*
IMPTV.	Sg. m.	*kassir*	*sāʕid*	*iṭliʕ*	*tʕağğab*
	f.	*kassri*	*sāʕdi*	*iṭ*^{ɨ}*lʕi*	*tʕağğabi*
	Pl. c.	*kassru*	*sāʕdu*	*iṭ*^{ɨ}*lʕu*	*tʕağğabu*
PARTIZIP	Akt. Sg. m.	*mkassir*	*msāʕid*	*miṭliʕ*	*mitʕağğib*
	f.	*mkassra*	*msāʕde*	*miṭ*^{ɨ}*lʕa*	*mitʕağğbe*
	Pl. m.	*mkassrīn*	*msāʕdīn*	*miṭ*^{ɨ}*lʕīn*	*mitʕağğbīn*
	f.	*mkassrāt*	*msāʕdāt*	*miṭ*^{ɨ}*lʕāt*	*mitʕağğbāt*
	Pass. Sg. m.	*mkassar*	*msāʕad*		
	f.	*mkassara*	*msāʕade*		
	Pl. m.	*mkassarīn*	*msāʕadīn*		
	f.	*mkassarāt*	*msāʕadāt*		

VI. „sich streiten“	VII. „sich freuen“	VIII. „arbeiten“	IX. „gelb werden“	X. „gebrauchen“
tqātal	*nbasaṭ*	*štaġal*	*ṣfarr*	*staʕmal*
tqātalat	*nbasṭat*	*štaġlat*	*ṣfarrat*	*staʕmalat*
tqātalt	*nbasaṭṭ*	*štaġalt*	*ṣfarrēt*	*staʕmalt*
tqātalti	*nbasaṭṭi*	*štaġalti*	*ṣfarrēti*	*staʕmalti*
tqātalt	*nbasaṭṭ*	*štaġalt*	*ṣfarrēt*	*staʕmalt*
tqātalu	*nbasaṭu*	*štaġalu*	*ṣfarru*	*staʕmalu*
tqātaltu	*nbasaṭṭu*	*štaġaltu*	*ṣfarrētu*	*staʕmaltu*
tqātalna	*nbasaṭna*	*štaġalna*	*ṣfarrēna*	*staʕmalna*
yitqātal	*yin*^{i}*bsiṭ*	*yištġil*	*yiṣfarr*	*yistaʕmil*
titqātal	*tin*^{i}*bsiṭ*	*tištġil*	*tiṣfarr*	*tistaʕmil*
titqātal	*tin*^{i}*bsiṭ*	*tištġil*	*tiṣfarr*	*tistaʕmil*
titqātali	*tinbisṭi*	*tištiġli*	*tiṣfarri*	*tistaʕ*^{i}*mli*
atqātal	*an*^{i}*bsiṭ*	*aštġil*	*aṣfarr*	*astaʕmil*
yitqātalu	*yinbisṭu*	*yištiġlu*	*yiṣfarru*	*yistaʕ*^{i}*mlu*
titqātalu	*tinbisṭu*	*tištiġlu*	*tiṣfarru*	*tistaʕ*^{i}*mlu*
nitqātal	*nin*^{i}*bsiṭ*	*ništġil*	*niṣfarr*	*nistaʕmil*
bitqātal	*bin*^{i}*bsiṭ*	*bištġil*	*biṣfarr*	*bistaʕmil*
btitqātal	*btin*^{i}*bsiṭ*	*btištġil*	*btiṣfarr*	*btistaʕmil*
btitqātal	*btin*^{i}*bsiṭ*	*btištġil*	*btiṣfarr*	*btistaʕmil*
btitqātali	*btinbisṭi*	*btištiġli*	*btiṣfarri*	*btistaʕ*^{i}*mli*
batqātal	*ban*^{i}*bsiṭ*	*baštġil*	*baṣfarr*	*bastaʕmil*
bitqātalu	*binbisṭu*	*bištiġlu*	*biṣfarru*	*bistaʕ*^{i}*mlu*
btitqātalu	*btinbisṭu*	*btištiġlu*	*btiṣfarru*	*btistaʕ*^{i}*mlu*
mnitqātal	*mnin*^{i}*bsiṭ*	*mništġil*	*mniṣfarr*	*mnistaʕmil*
tqātal	*in*^{i}*bsiṭ*	*ištġil*	*ṣfarr*	*staʕmil*
tqātali	*inbisṭi*	*štiġli*	*ṣfarri*	*staʕ*^{i}*mli*
tqātalu	*inbisṭu*	*štiġlu*	*ṣfarru*	*staʕ*^{i}*mlu*
mitqātil	*min*^{i}*bsiṭ*	*mištġil*	*miṣfarr*	*mistaʕmil*
mitqātle	*minbisṭa*	*mištiġle*	*miṣfarra*	*mistaʕ*^{i}*mle*
mitqātlīn	*minbisṭīn*	*mištiġlīn*	*miṣfarrīn*	*mistaʕ*^{i}*mlīn*
mitqātlāt	*minbisṭāt*	*mištiġlāt*	*miṣfarrāt*	*mistaʕ*^{i}*mlāt*
				mustaʕmal
				mustaʕmale
				mustaʕmalīn
				mustaʕmalāt

TAFEL VIII : Schwache Verben im Grundstamm

		Mediae geminatae (a,u) „legen“	Primae hamzatae „nehmen“	Primae w (a,i) stark „versprechen“	Primae w (i,a) stark „ankommen“	Primae w (i,a) schw. „erben“
PERFEKT	Sg. 3. m.	*ḥaṭṭ*	*axad*	*waʕad*	*wiṣil*	*wirit*
	f.	*ḥaṭṭat*	*axdat*	*waʕdat*	*wiṣlit*	*wirtit*
	2. m.	*ḥaṭṭēt*	*axadt*	*waʕadt*	*wṣilt*	*writt*
	f.	*ḥaṭṭēti*	*axadti*	*waʕadti*	*wṣilti*	*writti*
	1. c.	*ḥaṭṭēt*	*axadt*	*waʕadt*	*wṣilt*	*writt*
	Pl. 3. c.	*ḥaṭṭu*	*axadu*	*waʕadu*	*wiṣlu*	*wirtu*
	2. c.	*ḥaṭṭētu*	*axadtu*	*waʕadtu*	*wṣiltu*	*writtu*
	1. c.	*ḥaṭṭēna*	*axadna*	*waʕadna*	*wṣilna*	*writna*
SUBJUNKTIV	Sg. 3. m.	*yḥuṭṭ*	*yāxud*	*yūʕid*	*yūṣal*	*yirat*
	f.	*tḥuṭṭ*	*tāxud*	*tūʕid*	*tūṣal*	*tirat*
	2. m.	*tḥuṭṭ*	*tāxud*	*tūʕid*	*tūṣal*	*tirat*
	f.	*tḥuṭṭi*	*tāxdi*	*tūʕdi*	*tūṣali*	*tirati*
	1. c.	*aḥuṭṭ*	*āxud*	*awʕid*	*awṣal*	*arat*
	Pl. 3. c.	*yḥuṭṭu*	*yāxdu*	*yūʕdu*	*yūṣalu*	*yiratu*
	2. c.	*tḥuṭṭu*	*tāxdu*	*tūʕdu*	*tūṣalu*	*tiratu*
	1. c.	*nḥuṭṭ*	*nāxud*	*nūʕid*	*nūṣal*	*nirat*
IMPERFEKT	Sg. 3. m.	*biḥuṭṭ*	*b(y)āxud*	*būʕid*	*būṣal*	*birat*
	f.	*bitḥuṭṭ*	*btāxud*	*btūʕid*	*btūṣal*	*btirat*
	2. m.	*bitḥuṭṭ*	*btāxud*	*btūʕid*	*btūṣal*	*btirat*
	f.	*bitḥuṭṭi*	*btāxdi*	*btūʕdi*	*btūṣali*	*btirati*
	1. c.	*baḥuṭṭ*	*bāxud*	*bawʕid*	*bawṣal*	*barat*
	Pl. 3. c.	*biḥuṭṭu*	*b(y)āxdu*	*būʕdu*	*būṣalu*	*biratu*
	2. c.	*bitḥuṭṭu*	*btāxdu*	*btūʕdu*	*btūṣalu*	*btiratu*
	1. c.	*minḥuṭṭ*	*mnāxud*	*mnūʕid*	*mnūṣal*	*mnirat*
IMPTV.	Sg. m.	*ḥuṭṭ*	*xud (xūd, xōd)*	*ūʕid*	*ūṣal*	*irat*
	f.	*ḥuṭṭi*	*xudi*	*ūʕdi*	*ūṣali*	*irati*
	Pl. c.	*ḥuṭṭu*	*xudu*	*ūʕdu*	*ūṣalu*	*iratu*
PARTIZIP	Akt. Sg. m.	*ḥāṭiṭ*	*māxid*	*wāʕid*	*wāṣil*	*wārit*
	f.	*ḥāṭṭa*	*māxde*	*wāʕde*	*wāṣle*	*wārte*
	Pl. m.	*ḥāṭṭīn*	*māxdīn*	*wāʕdīn*	*wāṣlīn*	*wārtīn*
	f.	*ḥāṭṭāt*	*māxdāt*	*wāʕdāt*	*wāṣlāt*	*wārtāt*
	Pass. Sg. m.	*maḥṭūṭ*	*mawxūd*	*mawʕūd*	*mawṣūl*	*mawrūt*
	f.	*maḥṭūṭa*	*mawxūde*	*mawʕūde*	*mawṣūle*	*mawrūte*
	Pl. m.	*maḥṭūṭīn*	*mawxūdīn*	*mawʕūdīn*	*mawṣūlīn*	*mawrūtīn*
	f.	*maḥṭūṭāt*	*mawxūdāt*	*mawʕūdāt*	*mawṣūlāt*	*mawrūtāt*

Primae y	Med. infirm. (a,u)	Med. infirm. (a,i)	Med.infirm. (a,a)	Tert. infirm. (a,i)	Tert.infirm. (i,a)
„fest werden“	„sehen“	„bringen“	„schlafen“	„bauen“	„vergessen“
yibis	*šāf*	*ǧāb*	*nām*	*bana*	*nisi*
yibsit	*šāfat*	*ǧābat*	*nāmat*	*banat*	*nisyit*
ybist	*šuft*	*ǧibt*	*nimt*	*banēt*	*nsīt*
ybisti	*šufti*	*ǧibti*	*nimti*	*banēti*	*nsīti*
ybist	*šuft*	*ǧibt*	*nimt*	*banēt*	*nsīt*
yibsu	*šāfu*	*ǧābu*	*nāmu*	*banu*	*nisyu*
ybistu	*šuftu*	*ǧibtu*	*nimtu*	*banētu*	*nsītu*
ybisna	*šufna*	*ǧibna*	*nimna*	*banēna*	*nsīna*
yības	*yšūf*	*yǧīb*	*ynām*	*yibni*	*yinsa*
tības	*tšūf*	*tǧīb*	*tnām*	*tibni*	*tinsa*
tības	*tšūf*	*tǧīb*	*tnām*	*tibni*	*tinsa*
tībasi	*tšūfi*	*tǧībi*	*tnāmi*	*tibni*	*tinsi*
aybas	*ašūf*	*aǧīb*	*anām*	*abni*	*ansa*
yībasu	*yšūfu*	*yǧību*	*ynāmu*	*yibnu*	*yinsu*
tībasu	*tšūfu*	*tǧību*	*tnāmu*	*tibnu*	*tinsu*
nības	*nšūf*	*nǧīb*	*nnām*	*nibni*	*ninsa*
bības	*bišūf*	*biǧīb*	*binām*	*bibni*	*binsa*
btības	*bitšūf*	*bitǧīb*	*bitnām*	*btibni*	*btinsa*
btības	*bitšūf*	*bitǧīb*	*bitnām*	*btibni*	*btinsa*
btībasi	*bitšūfi*	*bitǧībi*	*bitnāmi*	*btibni*	*btinsi*
baybas	*bašūf*	*baǧīb*	*banām*	*babni*	*bansa*
bībasu	*bišūfu*	*biǧību*	*bināmu*	*bibnu*	*binsu*
btībasu	*bitšūfu*	*bitǧību*	*bitnāmu*	*btibnu*	*btinsu*
mnības	*minšūf*	*minǧīb*	*minnām*	*mnibni*	*mninsa*
ības	*šūf*	*ǧīb*	*nām*	*ibni*	*insa*
ībasi	*šūfi*	*ǧībi*	*nāmi*	*ibni*	*insi*
ībasu	*šūfu*	*ǧību*	*nāmu*	*ibnu*	*insu*
yābis	*šāyif*	*ǧāyib*	*nāyim*	*bāni*	*nāsi*
yābse	*šāyfe*	*ǧāybe*	*nāyme*	*bānye*	*nāsye*
yābsīn	*šāyfīn*	*ǧāybīn*	*nāymīn*	*bānyīn*	*nāsyīn*
yābsāt	*šāyfāt*	*ǧāybāt*	*nāymāt*	*bānyāt*	*nāsyāt*
	mašyūf	*maǧyūb*		*mabni*	*mansi*
	mašyūfe	*maǧyūbe*		*mabniyye*	*mansiyye*
	mašyūfīn	*maǧyūbīn*		*mabniyyīn*	*mansiyyīn*
	mašyūfāt	*maǧyūbāt*		*mabniyyāt*	*mansiyyāt*

TAFEL IX : Abgeleitete Stämme der Verba mediae geminatae

	Stamm	II. „eingrenzen“	VII. „verrückt werden“	VIII. „s. versammeln“	X. „s. vorbereiten“
PERFEKT	Sg. 3. m.	*ḥaddad*	*nǧann*	*ltamm*	*staʕadd*
	f.	*ḥaddadat*	*nǧannat*	*ltammat*	*staʕaddat*
	2. m.	*ḥaddadt*	*nǧannēt*	*ltammēt*	*staʕaddēt*
	f.	*ḥaddadti*	*nǧannēti*	*ltammēti*	*staʕaddēti*
	1. c.	*ḥaddadt*	*nǧannēt*	*ltammēt*	*staʕaddēt*
	Pl. 3. c.	*ḥaddadu*	*nǧannu*	*ltammu*	*staʕaddu*
	2. c.	*ḥaddadtu*	*nǧannētu*	*ltammētu*	*staʕaddētu*
	1. c.	*ḥaddadna*	*nǧannēna*	*ltammēna*	*staʕaddēna*
SUBJUNKTIV	Sg. 3. m.	*yḥaddid*	*yinǧann*	*yiltamm*	*yistʕidd*
	f.	*tḥaddid*	*tinǧann*	*tiltamm*	*tistʕidd*
	2. m.	*tḥaddid*	*tinǧann*	*tiltamm*	*tistʕidd*
	f.	*tḥaddidi*	*tinǧanni*	*tiltammi*	*tistʕiddi*
	1. c.	*aḥaddid*	*anǧann*	*altamm*	*astʕidd*
	Pl. 3. c.	*yḥaddidu*	*yinǧannu*	*yiltammu*	*yistʕiddu*
	2. c.	*tḥaddidu*	*tinǧannu*	*tiltammu*	*tistʕiddu*
	1. c.	*nḥaddid*	*ninǧann*	*niltamm*	*nistʕidd*
PERFEKT	Sg. 3. m.	*biḥaddid*	*binǧann*	*biltamm*	*bistʕidd*
	f.	*bitḥaddid*	*btinǧann*	*btiltamm*	*btistʕidd*
	2. m.	*bitḥaddid*	*btinǧann*	*btiltamm*	*btistʕidd*
	f.	*bitḥaddidi*	*btinǧanni*	*btiltammi*	*btistʕiddi*
	1. c.	*baḥaddid*	*banǧann*	*baltamm*	*bastʕidd*
	Pl. 3. c.	*biḥaddidu*	*binǧannu*	*biltammu*	*bistʕiddu*
	2. c.	*bitḥaddidu*	*btinǧannu*	*btiltammu*	*btistʕiddu*
	1. c.	*minḥaddid*	*mninǧann*	*mniltamm*	*mnistʕidd*
IMPTV.	Sg. m.	*ḥaddid*	*nǧann*	*ltamm*	*stʕidd*
	f.	*ḥaddidi*	*nǧanni*	*ltammi*	*stʕiddi*
	Pl. c.	*ḥaddidu*	*nǧannu*	*ltammu*	*stʕiddu*
PARTIZIP	Akt. Sg. m.	*mḥaddid*	*minǧann*	*miltamm*	*mistʕidd*
	f.	*mḥaddide*	*minǧanne*	*miltamme*	*mistʕidde*
	Pl. m.	*mḥaddidīn*	*minǧannīn*	*miltammīn*	*mistʕiddīn*
	f.	*mḥaddidāt*	*minǧannāt*	*miltammāt*	*mistʕiddāt*
	Pass. Sg. m.	*mḥaddad*			
	f.	*mḥaddade*			
	Pl. m.	*mḥaddadīn*			
	f.	*mḥaddadāt*			

Die Stämme V und VI werden stark konjugiert. III und IV sind nicht belegt. X. wird mitunter auch nach *staradd / yistaridd* „zurückfordern“ konjugiert.

TAFEL X : Abgeleitete Stämme der Verba primae und mediae infirmae

		P? VI „gegessen w.“	PI VIII „übereinkommen“	MI VII „gebracht w.“	MI VIII „ausruhen“	MI X „Nutzen ziehen“
PERFEKT	Sg. 3. m.	*ttākal*	*ttafaq*	*nǧāb*	*rtāḥ*	*stafād*
	f.	*ttākalat*	*ttafaqat*	*nǧābat*	*rtāḥat*	*stafādat*
	2. m.	*ttākalt*	*ttafaqt*	*nǧabt*	*rtaḥt*	*stafadt*
	f.	*ttākalti*	*ttafaqti*	*nǧabti*	*rtaḥti*	*stafadti*
	1. c.	*ttākalt*	*ttafaqt*	*nǧabt*	*rtaḥt*	*stafadt*
	Pl. 3. c.	*ttākalu*	*ttafaqu*	*nǧābu*	*rtāḥu*	*stafādu*
	2. c.	*ttākaltu*	*ttafaqtu*	*nǧabtu*	*rtaḥtu*	*stafadtu*
	1. c.	*ttākalna*	*ttafaqna*	*nǧabna*	*rtaḥna*	*stafadna*
SUBJUNKTIV	Sg. 3. m.	*yittākal*	*yittfiq*	*yinǧāb*	*yirtāḥ*	*yistfīd*
	f.	*tittākal*	*tittfiq*	*tinǧāb*	*tirtāḥ*	*tistfīd*
	2. m.	*tittākal*	*tittfiq*	*tinǧāb*	*tirtāḥ*	*tistfīd*
	f.	*tittākali*	*tittifqi*	*tinǧābi*	*tirtāḥi*	*tistfīdi*
	1. c.	*attākal*	*attfiq*	*anǧāb*	*artāḥ*	*astfīd*
	Pl. 3. c.	*yittākalu*	*yittifqu*	*yinǧābu*	*yirtāḥu*	*yistfīdu*
	2. c.	*tittākalu*	*tittifqu*	*tinǧābu*	*tirtāḥu*	*tistfīdu*
	1. c.	*nittākal*	*nittfiq*	*ninǧāb*	*nirtāḥ*	*nistfīd*
IMPERFEKT	Sg. 3. m.	*bittākal*	*bittfiq*	*binǧāb*	*birtāḥ*	*bistfīd*
	f.	*btittākal*	*btittfiq*	*btinǧāb*	*btirtāḥ*	*btistfīd*
	2. m.	*btittākal*	*btittfiq*	*btinǧāb*	*btirtāḥ*	*btistfīd*
	f.	*btittākali*	*btittifqi*	*btinǧābi*	*btirtāḥi*	*btistfīdi*
	1. c.	*battākal*	*battfiq*	*banǧāb*	*bartāḥ*	*bastfīd*
	Pl. 3. c.	*bittākalu*	*bittifqu*	*binǧābu*	*birtāḥu*	*bistfīdu*
	2. c.	*btittākalu*	*btittifqu*	*btinǧābu*	*btirtāḥu*	*btistfīdu*
	1. c.	*mnittākal*	*mnittfiq*	*mninǧāb*	*mnirtāḥ*	*mnistfīd*
IMPTV.	Sg. m.		*ttfiq*		*rtāḥ*	*stfīd*
	f.		*ttifqi*		*rtāḥi*	*stfīdi*
	Pl. c.		*ttifqu*		*rtāḥu*	*stfīdu*
PARTIZIP	Akt. Sg. m.	*mittākil*	*mittfiq*		*mirtāḥ*	*mistfīd*
	f.	*mittākle*	*mittifqe*		*mirtāḥa*	*mistfīde*
	Pl. m.	*mittāklīn*	*mittifqīn*		*mirtāḥīn*	*mistfīdīn*
	f.	*mittāklāt*	*mittifqāt*		*mirtāḥāt*	*mistfīdāt*

Hier nicht verzeichnete Verbalstämme werden entweder stark gebildet (insbesondere II, III, V, VI) oder sind nicht belegt. Im X. Stamm der Verba mediae infirmae (MI) finden sich auch häufig starke Bildungen wie *staǧwaz / yistaǧwiz* „ins heiratsfähige Alter kommen“.

TAFEL XI : Abgeleitete Stämme der Verba tertiae infirmae

	Stamm	II. „überqueren"	III. „rufen"	IV. „sagen"	V. „sterben"
PERFEKT	Sg. 3. m.	*ʕadda*	*nāda*	*aḥka*	*twaffa*
	f.	*ʕaddat*	*nādat*	*aḥkat*	*twaffat*
	2. m.	*ʕaddēt*	*nādēt*	*aḥkēt*	*twaffēt*
	f.	*ʕaddēti*	*nādēti*	*aḥkēti*	*twaffēti*
	1. c.	*ʕaddēt*	*nādēt*	*aḥkēt*	*twaffēt*
	Pl. 3. c.	*ʕaddu*	*nādu*	*aḥku*	*twaffu*
	2. c.	*ʕaddētu*	*nādētu*	*aḥkētu*	*twaffētu*
	1. c.	*ʕaddēna*	*nādēna*	*aḥkēna*	*twaffēna*
SUBJUNKTIV	Sg. 3. m.	*yʕaddi*	*ynādi*	*yiḥki*	*yitwaffa*
	f.	*tʕaddi*	*tnādi*	*tiḥki*	*titwaffa*
	2. m.	*tʕaddi*	*tnādi*	*tiḥki*	*titwaffa*
	f.	*tʕaddi*	*tnādi*	*tiḥki*	*titwaffi*
	1. c.	*aʕaddi*	*anādi*	*aḥki*	*atwaffa*
	Pl. 3. c.	*yʕaddu*	*ynādu*	*yiḥku*	*yitwaffu*
	2. c.	*tʕaddu*	*tnādu*	*tiḥku*	*titwaffu*
	1. c.	*nʕaddi*	*nnādi*	*niḥki*	*nitwaffa*
IMPERFEKT	Sg. 3. m.	*biʕaddi*	*binādi*	*biḥki*	*bitwaffa*
	f.	*bitʕaddi*	*bitnādi*	*btiḥki*	*btitwaffa*
	2. m.	*bitʕaddi*	*bitnādi*	*btiḥki*	*btitwaffa*
	f.	*bitʕaddi*	*bitnādi*	*btiḥki*	*btitwaffi*
	1. c.	*baʕaddi*	*banādi*	*baḥki*	*batwaffa*
	Pl. 3. c.	*biʕaddu*	*binādu*	*biḥku*	*bitwaffu*
	2. c.	*bitʕaddu*	*bitnādu*	*btiḥku*	*btitwaffu*
	1. c.	*minʕaddi*	*minnādi*	*mniḥki*	*mnitwaffa*
IMPTV.	Sg. m.	*ʕaddi*	*nādi*	*iḥki*	*twaffa*
	f.	*ʕaddi*	*nādi*	*iḥki*	*twaffi*
	Pl. c.	*ʕaddu*	*nādu*	*iḥku*	*twaffu*
PARTIZIP	Akt. Sg. m.	*mʕaddi*	*mnādi*	*miḥki*	*mitwaffi*
	f.	*mʕaddye*	*mnādye*	*miḥkiyye*	*mitwaffye*
	Pl. m.	*mʕaddyīn*	*mnādyīn*	*miḥkiyyīn*	*mitwaffyīn*
	f.	*mʕaddyāt*	*mnādyāt*	*miḥkiyyāt*	*mitwaffyāt*

VI. „sich treffen"	VII. „bewässert werden"	VIII. „kaufen"	IX. „süß werden"	X. „wagen"
tlāqa	*nsaqa*	*štara*	*ḥlaww*	*stağra*
tlāqat	*nsaqat*	*štarat*	*ḥlawwat*	*stağrat*
tlāqēt	*nsaqēt*	*štarēt*	*ḥlawwēt*	*stağrēt*
tlāqēti	*nsaqēti*	*štarēti*	*ḥlawwēti*	*stağrēti*
tlāqēt	*nsaqēt*	*štarēt*	*ḥlawwēt*	*stağrēt*
tlāqu	*nsaqu*	*štaru*	*ḥlawwu*	*stağru*
tlāqētu	*nsaqētu*	*štarētu*	*ḥlawwētu*	*stağrētu*
tlāqēna	*nsaqēna*	*štarēna*	*ḥlawwēna*	*stağrēna*
yitlāqa	*yin*^{i}*sqi*	*yištri*	*yiḥlaww*	*yistağri*
titlāqa	*tin*^{i}*sqi*	*tištri*	*tiḥlaww*	*tistağri*
titlāqa	*tin*^{i}*sqi*	*tištri*	*tiḥlaww*	*tistağri*
titlāqi	*tin*^{i}*sqi*	*tištri*	*tiḥlawwi*	*tistağri*
atlāqa	*an*^{i}*sqi*	*aštri*	*aḥlaww*	*astağri*
yitlāqu	*yin*^{i}*squ*	*yištru*	*yiḥlawwu*	*yistağru*
titlāqu	*tin*^{i}*squ*	*tištru*	*tiḥlawwu*	*tistağru*
nitlāqa	*nin*^{i}*sqi*	*ništri*	*niḥlaww*	*nistağri*
bitlāqa	*bin*^{i}*sqi*	*bištri*	*biḥlaww*	*bistağri*
btitlāqa	*btin*^{i}*sqi*	*btištri*	*btiḥlaww*	*btistağri*
btitlāqa	*btin*^{i}*sqi*	*btištri*	*btiḥlaww*	*btistağri*
btitlāqi	*btin*^{i}*sqi*	*btištri*	*btiḥlawwi*	*btistağri*
batlāqa	*ban*^{i}*sqi*	*baštri*	*baḥlaww*	*bastağri*
bitlāqu	*bin*^{i}*squ*	*bištru*	*biḥlawwu*	*bistağru*
btitlāqu	*btin*^{i}*squ*	*btištru*	*btiḥlawwu*	*btistağru*
mnitlāqa	*mnin*^{i}*sqi*	*mništri*	*mniḥlaww*	*mnistağri*
tlāqa	*in*^{i}*sqi*	*ištri*	*ḥlaww*	*stağri*
tlāqi	*in*^{i}*sqi*	*ištri*	*ḥlawwi*	*stağri*
tlāqu	*in*^{i}*squ*	*ištru*	*ḥlawwu*	*stağru*
mitlāqi	*min*^{i}*sqi*	*mištri*	*miḥlaww*	*mistağri*
mitlāqye	*minsiqye*	*mištirye*	*miḥlawwe*	*mistağre*
mitlāqyīn	*minsiqyīn*	*mištiryīn*	*miḥlawwīn*	*mistağrīn*
mitlāqyāt	*minsiqyāt*	*mištiryāt*	*miḥlawwāt*	*mistağrāt*

Im VII. und VIII. Stamm finden sich auch hocharabisch beeinflusste Formen, z.B. *nqara / yinqara (~yin*^{i}*qri)* „gelesen werden", *ʕtada / yiʕtadi* „feindlich handeln".

TAFEL XII : Übersicht über die höheren Stämme der schwachen Verben

		Mediae geminatae	Primae hamzatae	Primae infirmae	Mediae infirmae	Tertiae infirmae
	Perfekt	*ḥaddad*				*ʕadda*
	Subjunktiv	*yḥaddid*				*yʕaddi*
II	Imperfekt	Pl. *biḥaddidu*	stark	stark	stark	*biʕaddi*
	Imperativ	f. *ḥaddidi*				*ʕaddi*
	Partizip	*mḥaddid*				*mʕaddi*
	Perfekt					*nāda*
	Subjunktiv					*ynādi*
III	Imperfekt	—	stark	stark	stark	*binādi*
	Imperativ					*nādi*
	Partizip					*mnādi*
	Perfekt			*ōğah*	*qām*	*aḥka*
	Subjunktiv			*yōğih*	*yqīm*	*yiḥki*
IV	Imperfekt	—	—	*bōğih*	*biqīm*	*biḥki*
	Imperativ			*ōğih*	*qīm*	*iḥki*
	Partizip			*mōğih*	*qāyim*	*miḥki*
	Perfekt					*twaffa*
	Subjunktiv					*yitwaffa*
V	Imperfekt	stark	stark	stark	stark	*bitwaffa*
	Imperativ					*twaffa*
	Partizip					*mitwaffi*
	Perfekt		*ttākal*			*tlāqa*
	Subjunktiv		*yittākal*			*yitlāqa*
VI	Imperfekt	stark	*bittākal*	—	stark	*bitlāqa*
	Imperativ					*tlāqa*
	Partizip		*mittākil*			*mitlāqi*
	Perfekt	*nğann*			*nğāb*, 1. *nğabt*	*nsaqa*
	Subjunktiv	*yinğann*			*yinğāb*	*yinⁱsqi*
VII	Imperfekt	*binğann*	—	stark	*binğāb*	*binⁱsqi*
	Imperativ	*nğann*				*inⁱsqi*
	Partizip	*minğann*				*minⁱsqi*
	Perfekt	*ltamm*		*ttafaq*	*rtāḥ*, 1. *rtaḥt*	*štara*
	Subjunktiv	*yiltamm*		*yittfiq*	*yirtāḥ*	*yištri*
VIII	Imperfekt	*biltamm*	—	*bittfiq*	*birtāḥ*	*bištri*
	Imperativ	*ltamm*		*ⁱttfiq*	*rtāḥ*	*ištri*
	Partizip	*miltamm*		*mittfiq*	*mirtāḥ*	*mištri*
	Perfekt	*staʕadd*			*stafād*, 1. *stafadt*	*stağra*
	Subjunktiv	*yistʕidd*			*yistfīd*	*yistağri*
X	Imperfekt	*bistʕidd*	stark	stark	*bistfīd* oder	*bistağri*
	Imperativ	*ⁱstʕidd*			*ⁱstfīd* stark	*stağri*
	Partizip	*mistʕidd*			*mistfīd*	*mistağri*

TAFEL XIII : Vierradikalige Verben

		Grundstamm stark „übersetzen“	Reflexivstamm stark „bestochen werden“	Grundstamm schwach „zeigen“	Reflexivstamm schwach „Kaffee trinken“
PERFEKT	Sg. 3. m.	*tarǧam*	*tbarṭal*	*farǧa*	*tqahwa*
	f.	*tarǧamat*	*tbarṭalat*	*farǧat*	*tqahwat*
	2. m.	*tarǧamt*	*tbarṭalt*	*farǧēt*	*tqahwēt*
	f.	*tarǧamti*	*tbarṭalti*	*farǧēti*	*tqahwēti*
	1. c.	*tarǧamt*	*tbarṭalt*	*farǧēt*	*tqahwēt*
	Pl. 3. c.	*tarǧamu*	*tbarṭalu*	*farǧu*	*tqahwu*
	2. c.	*tarǧamtu*	*tbarṭaltu*	*farǧētu*	*tqahwētu*
	1. c.	*tarǧamna*	*tbarṭalna*	*farǧēna*	*tqahwēna*
SUBJUNKTIV	Sg. 3. m.	*ytarǧim*	*yitbarṭal*	*yfarǧi*	*yitqahwa*
	f.	*ttarǧim*	*titbarṭal*	*tfarǧi*	*titqahwa*
	2. m.	*ttarǧim*	*titbarṭal*	*tfarǧi*	*titqahwa*
	f.	*ttar*^{i}*ǧmi*	*titbarṭali*	*tfarǧi*	*titqahwi*
	1. c.	*atarǧim*	*atbarṭal*	*afarǧi*	*atqahwa*
	Pl. 3. c.	*ytar*^{i}*ǧmu*	*yitbarṭalu*	*yfarǧu*	*yitqahwu*
	2. c.	*ttar*^{i}*ǧmu*	*titbarṭalu*	*tfarǧu*	*titqahwu*
	1. c.	*ntarǧim*	*nitbarṭal*	*nfarǧi*	*nitqahwa*
IMPERFEKT	Sg. 3. m.	*bitarǧim*	*bitbarṭal*	*bifarǧi*	*bitqahwa*
	f.	*bittarǧim*	*btitbarṭal*	*bitfarǧi*	*btitqahwa*
	2. m.	*bittarǧim*	*btitbarṭal*	*bitfarǧi*	*btitqahwa*
	f.	*bittar*^{i}*ǧmi*	*btitbarṭali*	*bitfarǧi*	*btitqahwi*
	1. c.	*batarǧim*	*batbarṭal*	*bafarǧi*	*batqahwa*
	Pl. 3. c.	*bitar*^{i}*ǧmu*	*bitbarṭalu*	*bifarǧu*	*bitqahwu*
	2. c.	*bittar*^{i}*ǧmu*	*btitbarṭalu*	*bitfarǧu*	*btitqahwu*
	1. c.	*mintarǧim*	*mnitbarṭal*	*minfarǧi*	*mnitqahwa*
IMPTV.	Sg. m.	*tarǧim*	*tbarṭal*	*farǧi*	*tqahwa*
	f.	*tar*^{i}*ǧmi*	*tbarṭali*	*farǧi*	*tqahwi*
	Pl. c.	*tar*^{i}*ǧmu*	*tbarṭalu*	*farǧu*	*tqahwu*
PARTIZIP	Akt. Sg. m.	*mtarǧim*	*mitbarṭil*	*mfarǧi*	*mitqahwi*
	f.	*mtarǧme*	*mitbarṭle*	*mfarǧye*	*mitqah*^{i}*wye*
	Pl. m.	*mtar*^{i}*ǧmīn*	*mitbarṭlīn*	*mfarǧyīn*	*mitqah*^{i}*wyīn*
	f.	*mtar*^{i}*ǧmāt*	*mitbarṭlāt*	*mfarǧyāt*	*mitqah*^{i}*wyāt*
	Pass. Sg. m.	*mtarǧam*			
	f.	*mtarǧame*			
	Pl. m.	*mtarǧamīn*			
	f.	*mtarǧamāt*			

TAFEL XIV : Irreguläre Verben

		„kommen"	„geben"	„(er)warten"
PERFEKT	Sg. 3. m.	*ağa / iğa*	*aʕṭa*	*stanna*
	f.	*ağat / iğat*	*aʕṭat*	*stannat*
	2. m.	*ğīt / iğīt*	*aʕṭēt*	*stannēt*
	f.	*ğīti / iğīti*	*aʕṭēti*	*stannēti*
	1. c.	*ğīt / igīt*	*aʕṭēt*	*stannēt*
	Pl. 3. c.	*ağu / iğu*	*aʕṭu*	*stannu*
	2. c.	*ğītu / iğītu*	*aʕṭētu*	*stannētu*
	1. c.	*ğīna / iğīna*	*aʕṭēna*	*stannēna*
SUBJUNKTIV	Sg. 3. m.	*yiği / yīği*	*yaʕṭi*	*yistanna*
	f.	*tiği / tīği*	*taʕṭi*	*tistanna*
	2. m.	*tiği / tīği*	*taʕṭi*	*tistanna*
	f.	*tiği / tīği*	*taʕṭi*	*tistanni*
	1. c.	*aği / āği*	*aʕṭi*	*astanna*
	Pl. 3. c.	*yiğu / yīğu*	*yaʕṭu*	*yistannu*
	2. c.	*tiğu / tīğu*	*taʕṭu*	*tistannu*
	1. c.	*niği / nīği*	*naʕṭi*	*nistanna*
IMPERFEKT	Sg. 3. m.	*biği / bīği*	*b(y)aʕṭi*	*bistanna*
	f.	*btiği / btīği*	*btaʕṭi*	*btistanna*
	2. m.	*btiği / btīği*	*btaʕṭi*	*btistanna*
	f.	*btiği / btīği*	*btaʕṭi*	*btistanni*
	1. c.	*baği / bāği*	*baʕṭi*	*bastanna*
	Pl. 3. c.	*biğu / bīğu*	*b(y)aʕṭu*	*bistannu*
	2. c.	*btiğu / btīğu*	*btaʕṭu*	*btistannu*
	1. c.	*mniği / mnīği*	*mnaʕṭi*	*mnistanna*
IMPTV.	Sg. m.	*taʕāl / taʕ*	*aʕṭi (hāt)*	*stanna*
	f.	*taʕāli / taʕi*	*aʕṭi (hāti)*	*stanni*
	Pl. m.	*taʕālu / taʕu*	*aʕṭu (hātu)*	*stannu*
PARTIZIP	Akt. Sg. m.	*ğāy, ğāyy*	*maʕṭi*	*mistanni*
	f.	*ğāye, ğāyye*	*maʕṭiyye*	*mistannye*
	Pl. m.	*ğāyīn, ğāyyīn*	*maʕṭīn*	*mistannyīn*
	f.	*ğāyāt, ğāyyāt*	*maʕṭāt*	*mistannyāt*

TAFEL XV : Verb mit Akkusativ-Suffixen

		3. m. Sg.	3. f. Sg.	1. Sg.	3. m. Sg.	3. f. Sg.	1. Sg.
		masak / yimsik „ergreifen“			*fihim / yifham* „verstehen“		
PERFEKT	Sg. 3. m.	*masako*	*masakha*	*masakni*	*fihmo*	*fihimha*	*fihimni*
	f.	*maskato*	*maskatha*	*maskatni*	*fihmito*	*fihmitha*	*fihmitni*
	2. m.	*masakto*	*masaktha*	*masaktni*	*fhimto*	*fhimtha*	*fhimtni*
	f.	*masaktī*	*masaktīha*	*masaktīni*	*fhimtī*	*fhimtīha*	*fhimtīni*
	1. c.	*masakto*	*masaktha*	*masaktni*	*fhimto*	*fhimtha*	*fhimtni*
	Pl. 3. c.	*masakū*	*masakūha*	*masakūni*	*fihmū*	*fihmūha*	*fihmūni*
	2. c.	*masaktū*	*masaktūha*	*masaktūni*	*fhimtū*	*fhimtūha*	*fhimtūni*
	1. c.	*masaknā*	*masaknāha*	*masaknāni*	*fhimnā*	*fhimnāha*	*fhimnāni*
IMPERFEKT	Sg. 3. m.	*bim^{i}sko*	*bimsikha*	*bimsikni*	*bifhamo*	*bifhamha*	*bifhamni*
	f.	*btim^{i}sko*	*btimsikha*	*btimsikni*	*btifhamo*	*btifhamha*	*btifhamni*
	2. m.	*btim^{i}sko*	*btimsikha*	*btimsikni*	*btifhamo*	*btifhamha*	*btifhamni*
	f.	*btim^{i}skī*	*btim^{i}skīha*	*btim^{i}skīni*	*btifhamī*	*btifhamīha*	*btifhamīni*
	1. c.	*bam^{i}sko*	*bamsikha*	*bamsikni*	*bafhamo*	*bafhamha*	*bafhamni*
	Pl. 3. c.	*bim^{i}skū*	*bim^{i}skūha*	*bim^{i}skūni*	*bifhamū*	*bifhamūha*	*bifhamūni*
	2. c.	*btim^{i}skū*	*btim^{i}skūha*	*btim^{i}skūni*	*btifhamū*	*btifhamūha*	*btifhamūni*
	1. c.	*mnim^{i}sko*	*mnimsikha*	*mnimsikni*	*mnifhamo*	*mnifhamha*	*mnifhamni*

		saqa / yisqi „zu trinken geben“			*nisi / yinsa* „vergessen“		
PERFEKT	Sg. 3. m.	*saqā*	*saqāha*	*saqāni*	*nisī*	*nisīha*	*nisīni*
	f.	*saqato*	*saqatha*	*saqatni*	*nis^{i}yto*	*nisyitha*	*nisyitni*
	2. m.	*saqēto*	*saqētha*	*saqētni*	*nsīto*	*nsītha*	*nsītni*
	f.	*saqētī*	*saqētīha*	*saqētīni*	*nsītī*	*nsītīha*	*nsītīni*
	1. c.	*saqēto*	*saqētha*	*saqētni*	*nsīto*	*nsītha*	*nsītni*
	Pl. 3. c.	*saqū*	*saqūha*	*saqūni*	*nisyū*	*nisyūha*	*nisyūni*
	2. c.	*saqētū*	*saqētūha*	*saqētūni*	*nsītū*	*nsītūha*	*nsītūni*
	1. c.	*saqēnā*	*saqēnāha*	*saqēnāni*	*nsīnā*	*nsīnāha*	*nsīnāni*
IMPERFEKT	Sg. 3. m.	*bisqī*	*bisqīha*	*bisqīni*	*binsā*	*binsāha*	*binsāni*
	f.	*btisqī*	*btisqīha*	*btisqīni*	*btinsā*	*btinsāha*	*btinsāni*
	2. m.	*btisqī*	*btisqīha*	*btisqīni*	*btinsā*	*btinsāha*	*btinsāni*
	f.	*btisqī*	*btisqīha*	*btisqīni*	*btinsī*	*btinsīha*	*btinsīni*
	1. c.	*basqī*	*basqīha*	*basqīni*	*bansā*	*bansāha*	*bansāni*
	Pl. 3. c.	*bisqū*	*bisqūha*	*bisqūni*	*binsū*	*binsūha*	*binsūni*
	2. c.	*btisqū*	*btisqūha*	*btisqūni*	*btinsū*	*btinsūha*	*btinsūni*
	1. c.	*mnisqī*	*mnisqīha*	*mnisqīni*	*mninsā*	*mninsāha*	*mninsāni*

TAFEL XVI : Verb mit Dativ-Suffixen

		3. m. Sg.	1. Pl.	3. m. Sg.	1. Pl.	3. m. Sg.	1. Pl.
		ṭabax / yuṭbux	„kochen“	*ʕimil / yiʕmal*	„machen“	*qiri / yiqra*	„lesen“
PERFEKT	Sg. 3. m.	*ṭabaxlo*	*ṭabax*^{i}*lna*	*ʕimillo*	*ʕimillna*	*qirīlo*	*qirīlna*
	f.	*ṭabxatlo*	*ṭabxat*^{i}*lna*	*ʕimlitlo*	*ʕimlit*^{i}*lna*	*qiryitlo*	*qiryit*^{i}*lna*
	2. m.	*ṭabaxtlo*	*ṭabaxtilna*	*ʕmiltlo*	*ʕmiltilna*	*qrītlo*	*qrītilna*
	f.	*ṭabaxtīlo*	*ṭabaxtīlna*	*ʕmiltīlo*	*ʕmiltīlna*	*qrītīlo*	*qrītīlna*
	1. c.	*ṭabaxtlo*	*ṭabaxtilna*	*ʕmiltlo*	*ʕmiltilna*	*qrītlo*	*qrītilna*
	Pl. 3. c.	*ṭabaxūlo*	*ṭabaxūlna*	*ʕimlūlo*	*ʕimlūlna*	*qrūlo*	*qrūlna*
	2. c.	*ṭabaxtūlo*	*ṭabaxtūlna*	*ʕmiltūlo*	*ʕmiltūlna*	*qrītūlo*	*qrītūlna*
	1. c.	*ṭabaxnālo*	*ṭabaxnālna*	*ʕmilnālo*	*ʕmilnālna*	*qrīnālo*	*qrīnālna*
IMPERFEKT	Sg. 3. m.	*buṭbuxlo*	*buṭbux*^{i}*lna*	*biʕmallo*	*biʕmallna*	*biqrālo*	*biqrālna*
	f.	*btuṭbuxlo*	*btuṭbux*^{i}*lna*	*btiʕmallo*	*btiʕmallna*	*btiqrālo*	*btiqrālna*
	2. m.	*btuṭbuxlo*	*btuṭbux*^{i}*lna*	*btiʕmallo*	*btiʕmallna*	*btiqrālo*	*btiqrālna*
	f.	*btuṭ*^{u}*bxīlo*	*btuṭ*^{u}*bxīlna*	*btiʕmalīlo*	*btiʕmalīlna*	*btiqrīlo*	*btiqrīlna*
	1. c.	*baṭbuxlo*	*baṭbux*^{i}*lna*	*baʕmallo*	*baʕmallna*	*baqrālo*	*baqrālna*
	Pl. 3. c.	*buṭ*^{u}*bxūlo*	*buṭ*^{u}*bxūlna*	*biʕmalūlo*	*biʕmalūlna*	*biqrūlo*	*biqrūlna*
	2. c.	*btuṭ*^{u}*bxūlo*	*btuṭ*^{u}*bxūlna*	*btiʕmalūlo*	*btiʕmalūlna*	*btiqrūlo*	*btiqrūlna*
	1. c.	*mnuṭbuxlo*	*mnuṭbux*^{i}*lna*	*mniʕmallo*	*mniʕmallna*	*mniqrālo*	*mniqrālna*

		qāl / yqūl	„sagen“	*ǧāb / yǧīb*	„bringen“	*ḥaka / yiḥki*	„sprechen“
PERFEKT	Sg. 3. m.	*qallo*	*qallna*	*ǧablo*	*ǧābilna*	*ḥakālo*	*ḥakālna*
	f.	*qālatlo*	*qālatilna*	*ǧābatlo*	*ǧābatilna*	*ḥakatlo*	*ḥakatilna*
	2. m.	*qultlo*	*qultilna*	*ǧibtlo*	*ǧibtilna*	*ḥakētlo*	*ḥakētilna*
	f.	*qultīlo*	*qultīlna*	*ǧibtīlo*	*ǧibtīlna*	*ḥakētīlo*	*ḥakētīlna*
	1. c.	*qultlo*	*qultilna*	*ǧibtlo*	*ǧibtilna*	*ḥakētlo*	*ḥakētilna*
	Pl. 3. c.	*qālūlo*	*qālūlna*	*ǧābūlo*	*ǧābūlna*	*ḥakūlo*	*ḥakūlna*
	2. c.	*qultūlo*	*qultūlna*	*ǧibtūlo*	*ǧibtūlna*	*ḥakētūlo*	*ḥakētūlna*
	1. c.	*qulnālo*	*qulnālna*	*ǧibnālo*	*ǧibnālna*	*ḥakēnālo*	*ḥakēnālna*
IMPERFEKT	Sg. 3. m.	*biqullo*	*biqullna*	*biǧiblo*	*biǧībilna*	*biḥkīlo*	*biḥkīlna*
	f.	*bitqullo*	*bitqullna*	*bitǧiblo*	*bitǧībilna*	*btiḥkīlo*	*btiḥkīlna*
	2. m.	*bitqullo*	*bitqullna*	*bitǧiblo*	*bitǧībilna*	*btiḥkīlo*	*btiḥkīlna*
	f.	*bitqūlīlo*	*bitqūlīlna*	*bitǧībīlo*	*bitǧībīlna*	*btiḥkīlo*	*btiḥkīlna*
	1. c.	*baqullo*	*baqullna*	*baǧiblo*	*baǧībilna*	*baḥkīlo*	*baḥkīlna*
	Pl. 3. c.	*biqūlūlo*	*biqūlūlna*	*biǧībūlo*	*biǧībūlna*	*biḥkūlo*	*biḥkūlna*
	2. c.	*bitqūlūlo*	*bitqūlūlna*	*bitǧībūlo*	*bitǧībūlna*	*btiḥkūlo*	*btiḥkūlna*
	1. c.	*minqullo*	*minqullna*	*minǧiblo*	*minǧībilna*	*mniḥkīlo*	*mniḥkīlna*

TAFEL XVII : Negation durch *(mā) … –š*

(im Perfekt darf vorgestelltes *mā* nicht fehlen, im Imperfekt fehlt es häufig)

		ḍarab „schlagen“	*ḍiḥik* „lachen“	*ǧāb* „bringen“	*fāt* „eintreten“
PERFEKT	Sg. 3. m.	*ḍarabš*	*ḍḥikš*	*ǧab^{i}š*	*fat^{i}š*
	f.	*ḍarbatš*	*ḍiḥkitš*	*ǧābatš*	*fātatš*
	2. m.	*ḍarabt^{i}š*	*ḍḥikt^{i}š*	*ǧibt^{i}š*	*futt^{i}š*
	f.	*ḍarabtīš*	*ḍḥiktīš*	*ǧibtīš*	*futtīš*
	1. c.	*ḍarabt^{i}š*	*ḍḥikt^{i}š*	*ǧibt^{i}š*	*futt^{i}š*
	Pl. 3. c.	*ḍarabūš*	*ḍiḥkūš*	*ǧābūš*	*fātūš*
	2. c.	*ḍarabtūš*	*ḍḥiktūš*	*ǧibtūš*	*futtūš*
	1. c.	*ḍarabnāš*	*ḍḥiknāš*	*ǧibnāš*	*futnāš*
IMPERFEKT	Sg. 3. m.	*buḍrubš*	*biḍḥakš*	*biǧib^{i}š*	*bifut^{i}š*
	f.	*btuḍrubš*	*btiḍḥakš*	*bitǧib^{i}š*	*bitfut^{i}š*
	2. m.	*btuḍrubš*	*btiḍḥakš*	*bitǧib^{i}š*	*bitfut^{i}š*
	f.	*btuḍ^{u}rbīš*	*btiḍḥakīš*	*bitǧibīš*	*bitfūtīš*
	1. c.	*baḍrubš*	*baḍḥakš*	*baǧib^{i}š*	*bafut^{i}š*
	Pl. 3. c.	*buḍ^{u}rbūš*	*biḍḥakūš*	*biǧibūš*	*bifūtūš*
	2. c.	*btuḍ^{u}rbūš*	*btiḍḥakūš*	*bitǧibūš*	*bitfūtūš*
	1. c.	*mnuḍrubš*	*mniḍḥakš*	*minǧib^{i}š*	*minfut^{i}š*

		ḥaka „sprechen“	*nisi* „vergessen“	*ḥaṭṭ* „legen“	*bidd-* „wollen, werden“
PERFEKT	Sg. 3. m.	*ḥakāš*	*nsīš*	*ḥaṭṭ^{i}š*	*kan^{i}š biddo*
	f.	*ḥakatš*	*nisyitš*	*ḥaṭṭatš*	*kānatš biddha*
	2. m.	*ḥakēt^{i}š*	*nsīt^{i}š*	*ḥaṭṭēt^{i}š*	*kunt^{i}š biddak*
	f.	*ḥakētīš*	*nsītīš*	*ḥaṭṭētīš*	*kuntīš biddik*
	1. c.	*ḥakēt^{i}š*	*nsīt^{i}s*	*ḥaṭṭēt^{i}š*	*kunt^{i}š biddi*
	Pl. 3. c.	*ḥakūš*	*nisyūš*	*ḥaṭṭūš*	*kānūš biddhum*
	2. c.	*ḥakētūš*	*nsītūš*	*ḥaṭṭētūš*	*kuntūš biddku*
	1. c.	*ḥakēnāš*	*nsīnāš*	*ḥaṭṭēnāš*	*kunnāš biddna*
IMPERFEKT	Sg. 3. m.	*biḥkīš*	*binsāš*	*biḥuṭṭ^{i}š*	*biddōš*
	f.	*btiḥkīš*	*btinsāš*	*bitḥuṭṭ^{i}š*	*biddhāš*
	2. m.	*btiḥkīš*	*btinsāš*	*bitḥuṭṭ^{i}š*	*biddakš*
	f.	*btiḥkīš*	*btinsīš*	*bitḥuṭṭīš*	*biddikš*
	1. c.	*baḥkīš*	*bansāš*	*baḥuṭṭ^{i}š*	*biddīš*
	Pl. 3. c.	*biḥkūš*	*binsūš*	*biḥuṭṭūš*	*biddhumš*
	2. c.	*btiḥkūš*	*btinsūš*	*bitḥuṭṭūš*	*biddkūš / biddkumš*
	1. c.	*mniḥkīš*	*mninsāš*	*minḥuṭṭ^{i}š*	*biddnāš*

TAFEL XVIII : Negiertes Verb mit Akkusativ-Suffixen

masak / yimsik „ergreifen“

		3. m. Sg.	3. f. Sg.	2. m. Sg.	2. f. Sg.	1. Sg.
PERFEKT	Sg. 3. m.	*masakōš*	*masakhāš*	*masakakš*	*masakikš*	*masaknīš*
	f.	*maskatōš*	*maskathāš*	*maskatakš*	*maskatikš*	*maskatnīš*
	2. m.	*masaktōš*	*masakthāš*	*masaktakš*	*masaktikš*	*masaktnīš*
	f.	*masaktīhūš*	*masaktīhāš*	*masaktīkš*	*masaktīkīš*	*masaktīnīš*
	1. c.	*masaktōš*	*masakthāš*	*masaktakš*	*masaktikš*	*masaktnīš*
	Pl. 3. c.	*masakūhūš*	*masakūhāš*	*masakūkš*	*masakūkīš*	*masakūnīš*
	2. c.	*masaktūhūš*	*masaktūhāš*	*masaktūkš*	*masaktūkīš*	*masaktūnīš*
	1. c.	*masaknāhūš*	*masaknāhāš*	*masaknākš*	*masaknākīš*	*masaknānīš*
IMPERFEKT	Sg. 3. m.	*bim^{i}skōš*	*bimsikhāš*	*bim^{i}skakš*	*bim^{i}skikš*	*bimsiknīš*
	f.	*btim^{i}skōš*	*btimsikhāš*	*btim^{i}skakš*	*btim^{i}skikš*	*btimsiknīš*
	2. m.	*btim^{i}skōš*	*btimsikhāš*	*btim^{i}skakš*	*btim^{i}skikš*	*btimsiknīš*
	f.	*btim^{i}skīhūš*	*btim^{i}skīhāš*	*btim^{i}skīkš*	*btim^{i}skīkīš*	*btim^{i}skīnīš*
	1. c.	*bam^{i}skōš*	*bamsikhāš*	*bam^{i}skakš*	*bam^{i}skikš*	*bamsiknīš*
	Pl. 3. c.	*bim^{i}skūhūš*	*bim^{i}skūhāš*	*bim^{i}skūkš*	*bim^{i}skūkīš*	*bim^{i}skūnīš*
	2. c.	*btim^{i}skūhūš*	*btim^{i}skūhāš*	*btim^{i}skūkš*	*btim^{i}skūkīš*	*btim^{i}skūnīš*
	1. c.	*mnim^{i}skōš*	*mnimsikhāš*	*mnim^{i}skakš*	*mnim^{i}skikš*	*mnimsiknīš*

		3. Pl.	2. Pl.	1. Pl.
PERFEKT	Sg. 3. m.	*masakhumš*	*masakkūš*	*masaknāš*
	f.	*maskathumš*	*maskatkūš*	*maskatnāš*
	2. m.	*masakthumš*	*masaktkūš*	*masaktnāš*
	f.	*masaktīhumš*	*masaktīkūš*	*masaktīnāš*
	1. c.	*masakthumš*	*masaktkūš*	*masaktnāš*
	Pl. 3. c.	*masakūhumš*	*masakūkūš*	*masakūnāš*
	2. c.	*masaktūhumš*	*masaktūkūš*	*masaktūnāš*
	1. c.	*masaknāhumš*	*masaknākūš*	*masaknānāš*
IMPERFEKT	Sg. 3. m.	*bimsikhumš*	*bimsikkūš*	*bimsiknāš*
	f.	*btimsikhumš*	*btimsikkūš*	*btimsiknāš*
	2. m.	*btimsikhumš*	*btimsikkūš*	*btimsiknāš*
	f.	*btim^{i}skīhumš*	*btim^{i}skīkūš*	*btim^{i}skīnāš*
	1. c.	*bamsikhumš*	*bamsikkūš*	*bamsiknāš*
	Pl. 3. c.	*bim^{i}skūhumš*	*bim^{i}skūkūš*	*bim^{i}skūnāš*
	2. c.	*btim^{i}skūhumš*	*btim^{i}skūkūš*	*btim^{i}skūnāš*
	1. c.	*mnimsikhumš*	*mnimsikkūš*	*mnimsiknāš*

nisi / yinsa „vergessen“

		3. m. Sg.	3. f. Sg.	2. m. Sg.	2. f. Sg.	1. Sg.
PERFEKT	Sg. 3. m.	*nsīhūš*	*nsīhāš*	*nsīk*^{i}*š*	*nsīkīš*	*nsīnīš*
	f.	*nis*^{i}*ytōš*	*nisyithāš*	*nis*^{i}*ytakš*	*nis*^{i}*ytikš*	*nisyitnīš*
	2. m.	*nsītōš*	*nsīthāš*	*nsītakš*	*nsītikš*	*nsītnīš*
	f.	*nsītīhūš*	*nsītīhāš*	*nsītīk*^{i}*š*	*nsītīkīš*	*nsītīnīš*
	1. c.	*nsītōš*	*nsīthāš*	*nsītakš*	*nsītikš*	*nsītnīš*
	Pl. 3. c.	*nisyūhūš*	*nisyūhāš*	*nisyūk*^{i}*š*	*nisyūkīš*	*nisyūnīš*
	2. c.	*nsītūhūš*	*nsītūhāš*	*nsītūk*^{i}*š*	*nsītūkīš*	*nsītūnīš*
	1. c.	*nsīnāhūš*	*nsīnāhāš*	*nsīnāk*^{i}*š*	*nsīnākīš*	*nsīnānīš*
IMPERFEKT	Sg. 3. m.	*binsāhūš*	*binsāhāš*	*binsāk*^{i}*š*	*binsākīš*	*binsānīš*
	f.	*btinsāhūš*	*btinsāhāš*	*btinsāk*^{i}*š*	*btinsākīš*	*btinsānīš*
	2. m.	*btinsāhūš*	*btinsāhāš*	*btinsāk*^{i}*š*	*btinsākīš*	*btinsānīš*
	f.	*btinsīhūš*	*btinsīhāš*	*btinsīk*^{i}*š*	*btinsīkīš*	*btinsīnīš*
	1. c.	*bansāhūš*	*bansāhāš*	*bansāk*^{i}*š*	*bansākīš*	*bansānīš*
	Pl. 3. c.	*binsūhūš*	*binsūhāš*	*binsūk*^{i}*š*	*binsūkīš*	*binsūnīš*
	2. c.	*btinsūhūš*	*btinsūhāš*	*btinsūk*^{i}*š*	*btinsūkīš*	*btinsūnīš*
	1. c.	*mninsāhūš*	*mninsāhāš*	*mninsāk*^{i}*š*	*mninsākīš*	*mninsānīš*

		3. Pl.	2. Pl.	1. Pl.
PERFEKT	Sg. 3. m.	*nsīhumš*	*nsīkūš*	*nsīnāš*
	f.	*nisyithumš*	*nisyitkūš*	*nisyitnāš*
	2. m.	*nsīthumš*	*nsītkūš*	*nsītnāš*
	f.	*nsītīhumš*	*nsītīkūš*	*nsītīnāš*
	1. c.	*nsīthumš*	*nsītkūš*	*nsītnāš*
	Pl. 3. c.	*nisyūhumš*	*nisyūkūš*	*nisyūnāš*
	2. c.	*nsītūhumš*	*nsītūkūš*	*nsītūnāš*
	1. c.	*nsīnāhumš*	*nsīnākūš*	*nsīnānāš*
IMPERFEKT	Sg. 3. m.	*binsāhumš*	*binsākūš*	*binsānāš*
	f.	*btinsāhumš*	*btinsākūš*	*btinsānāš*
	2. m.	*btinsāhumš*	*btinsākūš*	*btinsānāš*
	f.	*btinsīhumš*	*btinsīkūš*	*btinsīnāš*
	1. c.	*bansāhumš*	*bansākūš*	*bansānāš*
	Pl. 3. c.	*binsūhumš*	*binsūkūš*	*binsūnāš*
	2. c.	*btinsūhumš*	*btinsūkūš*	*btinsūnāš*
	1. c.	*mninsāhumš*	*mninsākūš*	*mninsānāš*

TAFEL XIX : Die Stammformen des starken Verbs

	ALLGEMEIN		TYP	BEISPIEL	
I.	Grundstamm				
	faʕal	*yifʕil*	(a,i)	*masak / yimsik*	„ergreifen“
		yufʕul	(a,u)	*ḍarab / yuḍrub*	„schlagen“
		yifʕal	(a,a)	*qaṭaʕ / yiqṭaʕ*	„abschneiden“
	fiʕil	*yifʕal*	(i,a)	*širib / yišrab*	„trinken“
		yifʕil	(i,i)	*libis / yilbis*	„anziehen“

II. *faʕʕal / yfaʕʕil* — *ʕallam / yʕallim* „lehren“

[Intensivierung: *qattal* „niedermetzeln“; iterativ: *qaṭṭaʕ* „in Stücke schneiden“; faktitiv: *ʕallam* „wissen machen = lehren“; deklarativ: *kazzab* „für einen Lügner erklären“; denominal: *sallam* „salām sagen = grüßen“]

III. *fāʕal / yfāʕil* — *sāfar / ysāfir* „reisen“

[zielgerichtet, eine Handlung zum Ziel haben: *qātal* „das Töten zum Ziel haben = kämpfen“]

IV. *afʕal / yifʕil* — *aṭlaʕ / yiṭliʕ* „heraufholen“

[kausativ: *aṭlaʕ* „veranlassen, dass hochgeht = heraufholen“]

V. *tfaʕʕal / yitfaʕʕal* — *tʕallam / yitʕallam* „lernen“

[reflexiv zu II: *tʕallam* „sich lehren = lernen“]

VI. *tfāʕal / yitfāʕal* — *tqātal / yitqātal* „sich streiten“

[reflexiv zu III; wechselseitig oder gegenseitig etw. tun: *tbādal* „untereinander austauschen“]

VII. *nfaʕal / yinⁱfʕil* — *ⁱnqatal / yinⁱqtil* „getötet werden“

[passiv zu I: *nḍarab* „geschlagen werden“]

VIII. *ftaʕal / yiftʕil* — *štaġal / yištġil* „arbeiten“

[ursprünglich Reflexiv zum Grundstamm: *ǧtamaʕ* „sich sammeln = zusammenkommen“]

IX. *fʕall / yifʕall* — *ḥmarr / yiḥmarr* „rot werden“

[eine Farbe oder eine körperliche Eigenschaft annehmen: *šlabb / yišlabb* „schön werden“]

X. *stafʕal / yistafʕil* — *staʕmal / yistaʕmil* „verwenden“

[etwas für sich so und so sein lassen bzw. finden: *staġrab* „fremd, sonderbar finden“].

FSC
www.fsc.org
MIX
Papier | Fördert
gute Waldnutzung
FSC® C083411